I0566851

DISCLAIMER

The author and publisher are providing this book and its contents on an "as is" basis and make no representations or warranties of any kind with respect to this book or its contents. The author and publisher disclaim all such representations and warranties, including but not limited to warranties of merchantability. In addition, the author and publisher do not represent or warrant that the information accessible via this book is accurate, complete, or current.

Except as specifically stated in this book, neither the author nor publisher, nor any authors, contributors, or other representatives will be liable for damages arising out of or in connection with the use of this book. This is a comprehensive limitation of liability that applies to all damages of any kind, including (without limitation) compensatory; direct, indirect, or consequential damages; loss of data, income, or profit; loss of or damage to property; and claims of third parties.

This Book Offers Free Bonus Puzzles

Available Here:

BestActivityBooks.com/WSBONUS20

5 TIPS TO START!

1) HOW TO SOLVE

The Puzzles are in a Classic Format:

- Words are hidden without breaks (no spaces, dashes, ...)
- Orientation: Forward & Backward, Up & Down or in Diagonal (can be in both directions)
- Words can overlap or cross each other

2) LEVEL UP THE GAME!

A space is provided next to each word to write new ones, translations or notes. We also offer a convenient **NOTEBOOK** at the end of this edition. It can help you organize your annotations, new words and/or observations.

3) TAG YOUR WORDS

Have you tried using a tag system? For example, you could mark the words which have been difficult to find with a cross, the ones you loved with a star, new words with a triangle, rare words with a diamond and so on...

4) EASY TO CUT!

The Puzzles come with an Extra Large margin to easily cut the page out of the book. Some people may feel it more convenient to solve them this way.

5) FINISHED?

Go to the bonus section: **MONSTER CHALLENGE** to find a free game offered at the end of this edition!

Want **more fun** and activities to **relax? It's Fast and Simple!** An entire Game Book Collection **just one click away!**

Find your next challenge at:

BestActivityBooks.com/MyNextWordSearch

Ready, Set... Go!

Did you know there are around 7,000 different languages in the world? Words are precious.

We love languages and have been working hard to make the highest quality books for you. Our ingredients?

One part easy-to-read print, three parts entertainment, then we add some challenging words and a pinch of rare ones. We brew them with care to serve you lots of fun and an opportunity to solve the best puzzles.

Your feedback is essential. You can be an active participant in the success of this book by leaving us a review. Tell us what you liked most in this edition!

Here is a short link which will take you to your Amazon orders review page.

BestBooksActivity.com/Review50

Thanks for your fidelity and enjoy the Game!

 *Delta Classics Team*

Puzzle 1

```
C A N I A T Â D S L W H A P Z
E X X D L O U E H E D L H D N
L K D Y D A N H C R A F B O E
S D O X S I W E H R R A O N W
P W D D H G M A G D A G I N I
E F U N E R O Q W Y I P H E D
B W E S V M D L R W S T T P A
D R C D L I D L T E J Y I J L
F I N S F F Y E H D U P E C W
C P X Q L W W F D O H K B H G
T L U N V A S A A D L Q O T I
U R H X H U I T R D N B G Â N
F O P U V B D S O J P N Z N U
H V E B W W T Y E O Y E W M N
```

SIARAD
GWLAD
OREN
RHEWI
YSTAFELL
FRENHINES
CEUDOD
PENNOD
DISWYDDO
DEHEUOL

GOBEITHIO
CANIATÂD
PIN
GWRTHDARO
DYWEDODD
NEWID
TÂN
UNIG
FARCHNAD
YSGOL

Puzzle 2

```
D  S  V  X  E  U  D  E  D  L  M  N  U  G  C
Z  Ô  P  K  Y  U  U  U  C  O  N  C  G  W  Y
O  N  G  E  R  D  D  E  D  W  S  P  V  A  M
N  T  Y  M  H  E  R  E  D  D  M  I  G  S  E
D  O  D  D  E  F  Y  H  R  Z  V  W  S  T  R
A  W  G  R  Y  M  U  C  G  X  T  N  L  A  O
R  H  Y  W  B  E  T  H  J  A  E  E  T  D  D
T  R  I  B  U  H  C  R  Y  W  E  L  D  A  D
H  A  P  U  S  X  A  U  X  F  J  L  Q  M  E
P  X  T  C  I  P  I  Z  E  P  Z  R  W  Z  R
D  A  L  P  O  A  R  F  Y  L  C  L  F  R  U
D  J  P  E  N  T  R  E  F  B  W  X  R  J  F
E  X  P  K  P  D  R  C  E  C  Q  G  J  C  F
S  E  K  N  U  M  J  A  C  S  G  X  N  J  F
```

FFURED	CNOC
PENTREF	OND
GERDDED	CYMERODD
GAEL	TRI
HAPUS	SÔN
ADLEWYRCHU	CWMWL
LLENWI	RHYFEDDOD
GWASTAD	CWLWM
DAL	TYMHEREDD
AWGRYMU	RHYWBETH

Puzzle 3

```
G B T J M C Z F U Q R O I Q N
P A P U R L O F Z T J D A O I
R Y Q H R O K I F U E G F C N
B Y S A Y Z C K C W H A N Y E
A N W Y L D E B R F M P W N R
P E Y Y M D D Y G I A D Y L B
E L O D N Y F O G O W K B L A
N F L D E L L O C F L P Q U L
B A Y I B G F B H S H U Y N J
L T R F I W G A S G L U E B G
W E T L Y L U S S L G L Y H M
Y C E A L L V A U W Q P A R C
D K D S P E R Y G L U S P E U
D Y T Y V R U I E I E I R Z B
```

ANWYLDEB	YMDDYGIAD
PERYGLUS	GOFYN
PAPUR	BYS
COLLED	CLO
DDIFLAS	WEDI
PEN-BLWYDD	MAFON
GASGLU	HEULOG
BRENIN	TAFLEN
PARC	LLWGLYD
CYNLLUN	TRYLOYW

Puzzle 4

```
C Y M Y S G W C H S D X V C G
L C Y N N Y D D S Z A V M Y N
T L G A R Q A J W O T H V F W
N N W E W Y B I G O G V Y R S
L Y B Y N Y P Y R O A R B E C
R W I X D J D O G L N D O I Y
R N V V O D N D V Y I D B T F
U E R C B L I F E G A E L H A
G W O U Y A D A U F D F O I D
I G H D W P D H N A U F G W D
F H U B G I Y Q P T P R A R E
F C O P R O F R X A D O E B F
A E H C Y F L W R Y J R T O Q
G O D D E F Y H Q S C G H D B
```

RWBER
GWYBOD
CYMYSGWCH
DATGANIAD
BOBLOGAETH
FFIGUR
CYFLWR
CYFADDEF
CYNNYDD
CYFREITHIWR

GWENWYN
OLYGFA
DDEFFRO
COPR
LAPIO
CREU
FYDDIN
AWYDD
GODDEF
LLWYDDIANT

Puzzle 5

```
Q S D D A E A R C D N D D L U
E R M C P Y E P O L Â P N X G
L L Y N G Y R F J L O E R E Y
O I R Y J B N B F Y P W S A L
R A I X I A N F A S A K M K B
W D D A G R D O K F H R S R T
L M D R G P O R H C A O T I A
I W A V I E O T X N M W G W D
M D F O S G R Q T A H F V Y Y
R R F Y Y E M I L L Y S I A U
M Y N B W C A N L L A W I A U
V M S G B D J C W E S T I W N
C H W A R T E R W D D O R D A
D A D A N S O D D I U K Z Q D
```

LLYNGYR
ADRODDWR
DADANSODDI
BWYSIG
GWERTHFAWR
CWESTIWN
LLYSIAU
CANLLAWIAU
DATBLYGU
MWGWD

AMRANTIAD
LLYS
SWP
PÂL
DDI-RYM
DARGANFOD
DDAEAR
CHWARTER
DAIL
MILWROL

Puzzle 6

```
A E F F E I T H I O G V W L D
C N B R E U D D W Y D R G L I
Y U G Y L P Y O A N T W W A F
S P M H Q B U H B H N L R F L
T A A B E Y F Q S G E I T U A
A N W U O N C E I A A M H R S
D F T A O Y F B F R M H R X U
L O O D G Y P I F B U N Y R P
E E M A L W D M L E M A C O N
U S A L H Y E B I N P J H U I
A G T E D C P D S I R E L E S
E A I D Y S G L D G B Z E S I
T R G P C F Y G Z W N S Q M W
H C W I F O C Q X R I U B M K
```

GWRTHRYCH
EFFEITHIO
PLYGU
LLAFUR
ANFOESGAR
MILWR
COFIWCH
AGWEDD
DIFLASU
CYSTADLEUAETH

MAENT
AWTOMATIG
ANGHENFIL
WRTHSEFYLL
PRYNU
SILFF
DYSGL
ARBENIGWR
BREUDDWYD
SELERI

Puzzle 7

```
Z  W  I  F  J  S  B  G  B  W  T  J  L  C  D
J  U  K  X  C  Z  E  I  U  W  Q  S  X  Y  I
Y  B  K  L  O  N  N  E  F  F  R  O  G  F  S
B  S  Y  H  H  U  A  H  D  D  U  F  U  R  Y
C  V  B  C  H  M  G  C  D  T  P  A  K  I  N
P  E  E  R  N  J  Y  Y  E  H  A  Q  W  F  N
E  T  E  A  Y  M  W  Y  D  W  C  N  G  O  W
T  O  I  F  U  D  I  F  O  R  P  N  A  L  Y
R  Q  T  Y  G  E  R  T  B  J  Ŵ  D  L  D  R
O  T  H  G  A  D  D  L  E  L  Y  O  L  E  M
L  R  A  N  I  Q  E  C  A  Z  A  L  A  B  W
M  A  F  O  N  X  B  B  J  P  F  L  I  K  N
N  E  X  L  A  W  D  U  R  D  O  D  I  L  C
Y  D  W  P  T  A  S  G  P  B  B  P  L  F  I
```

UFUDDHAU	DISYNNWYR
UGAIN	MWNCI
GYWIRDEB	PROFI
TASG	EITHAF
PETROL	BALŴN
AWDURDODI	GORFFENNOL
GALLAI	YSBRYD
LONGYFARCH	TRAED
DOLL	TECHNEG
DEDDF	CYFRIFOLDEB

Puzzle 8

```
G K O F Z S G I O T R K I D Y
A K I T Q N A H R K A R I R V
B R H J W I P E Y U R I J W S
N V L T B S E U S O N L L M G
O G S M L O J J T N R C D K M
I O H W Y L I O D D E T S I E
G L C K I L A W P I D G R L Z
I L Y W J E B Y L S O P W L C
H A S N E C P B N E M A G E V
N E P O B L O G A E T H S I Z
A T W I V O P W M J X O Z A M
L H X N G N V Z H I L K W F L
P J C U T Y C W E C W K V E C
P M N N Z D M M M L N Z Z U J
```

SYCH	CELL
LOSIN	EISTEDD
SGWRS	CLIR
HWYLIO	MODERN
DRWM	WAL
UNION	POBLOGAETH
LLAETH	TORRI
SAESNEG	GOSTWNG
RHAN	DYNOL
LLEIAF	PLANHIGION

Puzzle 9

```
J C R P W F G L A G S S H G I
I B H R N D E F D D E A T P U
V A I P V A F F Y D N B E I C
B E H J D B B H X Y N V A G Z
C U J A T E A D A W Y K I S M
T R G R Y H F N S R C N D O T
X D M A W N F O C A N B D L O
E N H B Y W K R A F O K Y L F
F D Z C S L S O M Y S Z R E E
X H D C O A D M T G O K A D R
L S I A G L E H C U N I E J S
C W S M E R A G O R W R A G I
G Y F L A W N I P U R U D L W
P W X G P K T A L A F C N O N
```

BANC
BARA
AGORWR
BEIC
CYNNES
TYWYSOG
CWSMER
MORON
GADAEL
NOSON

TALAF
GYFARWYDD
FFA
CEIRW
DAEARYDDIAETH
AEDDFED
GYFLAWNI
FERSIWN
LLOSGI
UCHELGAIS

Puzzle 10

```
L K X G Q B N H L M A S G H L
L P Q N X Z T T J F R Y J Y X
O Q U A H R C I S U C N M F Q
N L N E K D X A S N H N E F C
G F S S E T G M L E W U X O V
Y F A A Q Z W Y U A I D L R K
F W W Z E B N D N D L D M D D
A L A F O I D Y E E I E Y D Y
R B B G U D R C D L O U N W B
C A J Z E O V Y L L H T E R L
H R U W F C X W D I O O G H Y
M T D Y X H T R E W G V I T G
G O I L Y W G I M K J X Z M E
N O I R I W G B R E G B V M J
```

GWERTH
GWYLIO
LLONGYFARCH
MYNEGI
YFORY
SYNNU
NODWEDD
FFWLBART
DYBLYG
TWLL

GWIRION
SICRHAU
GWN
TUEDDU
ARCHWILIO
CYDYMAITH
HYFFORDDWR
UNED
LLEDAENU
DIOFAL

Puzzle 11

```
I  M  E  A  X  J  Q  E  H  I  C  G  Q  T  H
L  X  S  C  J  M  Y  C  L  S  A  A  F  P  E
L  T  C  N  I  K  L  T  I  E  T  L  R  S  M
O  K  W  N  M  Z  W  J  S  L  G  K  N  I  D
C  Y  D  W  E  I  T  H  I  O  Y  D  D  A  O
H  M  V  P  B  N  G  T  A  L  W  G  E  L  T
O  B  V  S  Y  J  W  I  R  C  E  W  O  L  S
J  O  X  B  A  H  Y  A  T  V  I  E  W  I  A
U  W  R  U  G  S  N  W  A  D  R  L  X  T  L
K  E  S  G  A  C  T  N  K  F  I  Y  U  Y  F
D  J  Z  C  H  X  Z  U  G  O  O  S  D  H  I
G  E  N  H  E  D  L  A  E  T  H  C  H  E  D
A  R  B  R  O  F  I  A  D  W  A  I  T  H  X
C  W  Y  M  O  S  O  D  I  A  D  B  P  R  Y
```

GWELY	DDA
ADWAITH	DERBYN
DAWNS	ARBROFI
UNWAITH	GENHEDLAETH
COLLI	YMOSODIAD
TEITL	CYDWEITHIO
GWYNT	CARIO
ISEL	DIFLASTOD
LLAIS	TRAIS
COF	ATGYWEIRIO

Puzzle 12

```
A P E N W Y T H N O S H N C C
N Y L E M U G O L W G Y N H O
G W L M A G P Q U V D W Z K S
H C I A R B A F D O H X J U T
O N L R V C R W N N X G I H S
F H G D T N A I R I E P C T Y
I B R B S H G K S F P W Y E L
O F N A G V R A Y Z L S S A W
C A W E L L A I X E T E T N E
B F H W D L F D G W X L Y A D
K V L Z A M F O T H D S R S D
Y S X S F D I X G C D I I A O
V W B N Y D N I R F F G E W L
C H W A E R H Z K N B W D G J
```

NODYN   SELSIG
AMLWG   FFRIND
YSTYRIED   COST
CHWAER   PARAGRAFF
PENWYTHNOS   BRAICH
MELYN   GWASANAETHU
GOLWG   SYLWEDDOL
PEIRIANT   CAWELL
HWN   ANGHOFIO
CHWE   DIOGELWCH

Puzzle 13

```
S  S  W  G  I  D  Y  R  F  L  I  W  H  C  P
N  M  J  M  N  E  J  N  J  I  T  B  T  Y  E
M  A  I  Y  H  H  M  H  D  Y  W  L  L  S  N
B  R  P  N  W  C  R  Y  E  S  D  T  L  Y  I
D  S  O  Y  H  R  L  E  B  U  M  A  Y  L  Q
P  Y  U  D  F  E  N  M  Y  D  C  J  W  L  L
O  C  H  D  W  M  C  F  T  A  L  H  G  T  T
E  I  C  H  H  A  N  E  S  I  F  K  D  U  O
T  N  C  B  L  Y  M  O  Q  R  E  O  A  E  I
H  Y  P  O  W  L  E  N  I  A  J  A  I  S  R
D  C  A  N  O  L  I  G  G  C  P  O  C  F  P
P  E  R  T  H  Y  N  A  S  R  D  W  Z  K  N
A  G  O  R  I  A  D  M  S  A  Y  V  Q  I  W
P  Y  Z  E  A  I  R  W  H  U  K  M  U  Y  T
```

GWYLLT	POWLEN
CANOLIG	CARIADUS
TYBED	MERCHED
MAI	ENI
UCHDER	GRYM
PERTHYNAS	NHW
CHWILFRYDIG	DYCHWELYD
POETH	LLWYD
HANES	MYNYDD
CYSYLLTU	AGORIAD

Puzzle 14

```
Z W D T A L F Y R I A D P C K
I R J I A S A Z P B T D X Y W
J A G Z N W P N V B G U S M M
A C L U N I I L N R I H T D S
J H A L D B S Â U Z T C E E S
S T S U O U M T W M G R R I N
E Y W R L F A S R O G O M T U
A W E A E P Y O S I T G A H E
Z H L D H I Q H T E O D U A M
A C L D U A Y W H D J O W S O
A S T E T N A I D D Y W L G G
P P D W W O C Y F F W R D D Q
H E U I Y O Z E H F T O W Y P
N K V D Q L L Y N I L G N E P
```

DOETH
DIWEDDARU
TERMAU
WRACH
LWYDDIANT
CYFFWRDD
GORSAF
ROBIN
PIANO
GLASWELLT

CHWYTH
PEN-GLIN
TALFYRIAD
MÂN
LLYN
HELO
GORCHUDD
WYAU
DINISTRIO
CYMDEITHAS

Puzzle 15

```
C A T H R E X R T O M C M B N
A H G W L M S V N F R H V L O
M N E G A R C M T I W W J A D
S D M A N Y L I O N T A J N W
D D Y R E W D E P E B R M H Y
T P L Y F F E C U E B A A I D
B W P E R V F L V W L E R G D
S E G V D W U R E L A O C I G
C Y M Y L O G S I C W N H O N
C M M N E K W B H N D B O N E
K T K D O S O M Y O D C G E P
W N D E R K V C H F G I X E Z
W Y T H N O S U S A D D A E H
M E W N O L C N A S U G I U Q
```

NODWYDD
CHWARAEON
TEULUOEDD
DDEWR
SAFON
YMOSOD
CRAGEN
PEDWERYDD
CEFFYL
GUSAN

MANYLION
MARCHOG
BLANHIGION
CATH
BLAWD
ADDASU
CYMYLOG
FFRINDIAU
WYTHNOS
MEWNOL

Puzzle 16

```
G U R G R O M S S L I Y T O M
D W T X D A T G A N E A L B E
Y E A L M Z W B R D E C O P D
M E I H V Z Y R E F R A D A D
U S R I O M F A H T E A W G A
N E I M B D L G N B I J I X I
I G E G D L D D P L R H I F U
A T W C U M K I O D R P X W X
D C Y S G O D H A S O I K Q B
A G G L A K T T Y D T Y N N U
U E T L R E I E F W C U D P S
P Y A N P B G P V N A H E X H
B U N N O E D D E N F A W R P
D O F Q S G T R I O N G L Q V
```

CYSGOD	GWAHODDIAD
DEALLUS	BLAEN
POCED	ACTOR
ARFER	MEDDAI
GWAETHAF	ETHOLIAD
TYNNU	TRIONGL
MORGRUG	RHIF
PETH	ENFAWR
DATGAN	BUNNOEDD
DYMUNIADAU	ATGYWEIRIA

Puzzle 17

```
N  I  D  D  N  R  W  V  G  P  G  A  C  H  M
W  K  E  I  L  M  M  W  D  U  W  E  A  I  E
C  A  S  G  L  I  A  D  B  M  I  L  Ê  S  P
S  V  W  Q  E  N  M  T  W  K  R  O  M  S  U
G  Y  Z  N  W  D  C  U  S  Y  I  D  M  E  Z
W  T  L  Y  P  I  I  W  L  K  O  R  D  C  G
A  E  N  W  U  L  L  E  O  L  U  G  A  R  D
L  R  C  D  E  P  X  E  B  H  W  E  I  C  O
L  F  Z  D  S  D  U  T  B  K  B  S  R  G  D
T  Y  S  M  U  E  D  O  E  F  I  L  H  H  R
N  N  Z  Y  E  B  B  A  U  A  P  R  T  M  E
G  L  U  S  T  R  J  G  U  F  Y  T  I  Y  F
T  L  C  Y  F  R  Y  N  G  A  U  C  E  H  N
M  A  S  N  A  C  H  O  L  B  A  W  N  O  U
```

TERFYN	LLEOL
GWANWYN	TYFU
GWIRIO	WELL
CASGLIAD	NID
GLUST	CYFRYNGAU
EITHRIAD	PUM
YMDDWYN	SÊL
AELOD	SYLWEDDAU
MASNACHOL	GRISIAU
GWALLT	DODREFN

Puzzle 18

```
C X I H I N S A W D D Y A Z J
A M C A N G Y F R I F M H N L
R E F R A M Y Z B F N D P L Y
H H C T I L O I H C Y R N Y C
Q E E W L R O V T M R E N M D
M V D O Q O V Y E P C C A W I
E D D D L D E F A I D H W Y W
J J B G L I K L L H F C L N E
O U M T S U L C E D J O E G T
B G M L B J N B H W V N E L H
B R I F O S S A M K W B A A
Y M L A C I O L M C P A N W F
G L E L U A G N Y R F Y G D M
A N N I B Y N I A E T H H D R
```

YMLACIO
GYFRYNGAU
YMDRECH
DEFAID
DIWETHAF
ANNIBYNIAETH
MWYNGLAWDD
HELAETH
AMCANGYFRIF
YMARFER

RHEOLI
BRIFO
GLAW
ELW
HINSAWDD
NAW
CYNRYCHIOLI
CRYN
CLUST
HEDDLU

Puzzle 19

```
W W D C C F O C E N M A L Q R
A U N R H L H U N A C E Y O D
M H L I I I W M F P N T M Z E
N T U B X W E B Y E G H V G G
M R F E S U L E S C A W O O W
F A C R T W C N K E W P A N U
F B N I K K O I B Q G N N E N
Q S P W B P O S A H A X V A L
U O E Y L I D A S B R M O R A
W D A H G H J C G A E P M D T
K F I G W E L L E R S X E Z C
K I F N Q Q H Q D M T M G Q V
V B I A G V L I R O I D D O T
K H I E X B Y M Y L O G J S S
```

GWAEL	AETH
FESUL	CLWB
BASGED	YMYL
GWELL	DOSBARTHU
ANGHYWIR	CRIB
DRAENOG	TAL
BAR	MANWL
CAN	CASINEB
TODDI	ENFYS
GWAG	ARESTIO

Puzzle 20

```
C C Y H O E D D I X U B S G U
H T Y N Z U O I J F X O C W C
W Q C O X J R O L O W R S E H
A R Q D N K S K O P Q X W I A
R K N D E F A L L A W R Y T F
A G H Y G E F N I C K V D H S
E Z Y L N O I L E G R I D I W
Q H E O I Y M E J K Y A O W M
T A R X N L D O D F E Q G R I
C D D E W L E D L E L Y A S T
J V I E G S W D F T B S E X S
B I M Y Y M R O I I F F T Y K
T G U D E U S A W R A Z H R O
A Y O P D P R E S W Y L Y D D
```

CYHOEDDI
DRUD
YMROI
CAEL
DELWEDD
LLAWR
CAP
PRESWYLYDD
DON
DRO

CHWARAE
DIRGELION
SWYDDOGAETH
ORSAF
TIR
GWNINGEN
GWEITHIWR
UCHAFSWM
NYTH
DDOE

Puzzle 21

```
S  Z  B  F  V  V  D  Q  B  Q  H  V  K  V  V
W  V  H  L  H  A  P  D  D  E  A  R  R  Y  C
Q  V  T  R  O  F  N  F  E  C  N  B  K  Q  W
G  T  I  A  J  D  A  N  O  D  D  T  O  D  C
S  Y  A  L  I  P  A  A  R  A  L  L  H  D  O
E  M  F  C  C  O  D  U  I  R  S  T  U  Y  N
F  E  F  F  E  L  I  F  F  A  N  T  N  G  G
Y  D  E  L  E  L  P  B  D  U  R  L  A  O  L
D  D  T  M  K  S  Z  W  I  P  W  M  W  F  A
L  I  J  N  I  H  T  R  E  W  H  C  D  I  W
I  A  I  J  I  B  V  P  S  E  F  Y  L  L  N
A  N  U  B  O  V  N  A  U  H  T  T  G  L  T
D  N  E  S  X  X  C  S  C  Y  N  N  W  Y  S
N  U  P  E  R  F  F  O  R  M  I  A  D  Y  E
```

SEFYLL	BENTHYG
SEFYDLIAD	BLODAU
CYRRAEDD	PERFFORMIAD
EFFAITH	DUR
ARALL	ANODD
CHWERTHIN	GYFFES
UNAWD	ELIFFANT
MEDDIANNU	LAWNT
CEFNFOR	BWRPAS
CYNNWYS	LLIFOGYDD

Puzzle 22

```
G M N F S P M R H V X L C H W
L O D A I N E D P N M X T C Y
A Q I F A N C S P M D E D Y W
N E D D E N N A D S A S I M U
H I O A I K P Y Q U I E O E G
A S F L S Z Q G E L N R L R Y
U O A M I A J L L K A E C I N
B E R I A Q D E F Z G N H A N
O S T E U A G I S G T B M D I
D L A T T R A U U T A F Y N G
O A E S F L H A R N D Y F X T
L R Y Y L D Y L E T S W Y D D
I G L P Y U V V F C U C H E L
W L A N I F E I L I A I D S Y
```

DENIADOL
GYSTADLEUAETH
SEREN
ANIFEILIAID
EISIAU
UCHEL
DYLETSWYDD
IFANC
TRAFOD
TEIMLAD

DANNEDD
DATGANIAD
CYMERIAD
YNNI
GLANHAU
LLAI
EISOES
DIOLCH
BODOLI
LLYFRGELL

Puzzle 23

```
O M P T G W I I J D D C I L S
G Z L U D A A L M S J S O E Y
J I Â D G S R M F H S G V F L
B Z T E R Y U I Y H E B Q Z L
S S N R D U B M N D V N G W U
T Y T H O L R H E F O R I A U
M C R T F G S V D C F Â U D B
T O O I N Q N M F B D P D K K
L R S E A W Y I A V N R A Q F
N U E W C L V L T W A O C H R
B O D D W X L L A T R A F Y G
F Z D Y G B H T L E T Y S O F
D C Z C U J W I D E D F R Y D
L O R O G A H R R H U T H R O
```

SYLLU
RHUTHRO
BUDR
GYFARTAL
CYDWEITHREDU
FYNEDFA
MYNEGAI
FEL
TROSEDD
LETYS

CANFOD
PLÂT
ORIAU
DEGOL
RHAGOROL
DEDFRYD
PÂR
ARDD
MILLTIR
OCHR

Puzzle 24

```
F N P F W A R P O F N I T G Q
G C Z R E D A B Z D F K D L C
L C W Y N E F E R T R A C O F
B L K R C L L Y G A I D J B A
P R Y O I S I E C A P B C A R
R B A G D L H D C B W F Q X L
O P B T A F S U O R F F Y G L
F W E H H D V R F W W O M C W
I F X M L U G O E D O T A U Y
A B Y C H A I N A P E A S D S
D W E L E D I G A E T H N D W
Z P A S X W C J E N F M A I C
E F G W E L A D W Y U E C O H
M E W N F O R I O T E K H F F
```

OFNI
CEISIO
MEWNFORIO
PERSLI
LLYGAD
MASNACH
PROFIAD
WENCI
GWELADWY
GLO

BRATHU
PRAWF
ARLLWYSWCH
GYFFROUS
CARTREF
CUDDIO
WELEDIGAETH
LLYGAID
FENYW
BYCHAIN

Puzzle 25

```
B R O N U F Y C J P M W X U B
T X N E W L U E H A I I A R S
N Z F O R D Y W R F F G T O Y
I X V R O G C Y T U N O O T H
M N O U M O E B A O R L R A A
A G L P Y C H L K E J F S L L
A D D U T L U J L G N Y L E C
F L G P R G R W D J N C L N T
Y M D D A N G O S I A D E T R
W L E T Y E O L A H N S D X W
N M O R I S R D R C X X A I C
K O I C Y F W E L I A D B W H
L O R O F F R O C U S T Y F U
I D E U I X U N R P R D T Y S
```

CORFFOROL   OERGELL
TRWCHUS   TALENT
HEULWEN   BADELL
SENGL   CELYN
FFRWYDRO   AGOR
PUPUR   CYFUNO
CYFWELIAD   NWY
CYFLOGI   SYNIAD
TYMOR   CYTUNO
YMDDANGOSIAD   ERIOED

Puzzle 26

```
L K U F D F F A B D Y W G S Y
U L L E Y U B S U Y B U E C M
Y M W S E H R C S N M V Y D V
H C R Y N N Y C N I U H O N T
H T I A R F Y G E O N G R Y A
F L A E N F G I S N S I U F L
O C D G T A S R T Y H N G D U
N Y T I J R Z T P D G N G Y P
B M J G N G K N Z U T E A G M
Z Y L V W C A N H W Y L L A U
R S Z R M E L B O R B L Q V N
I G Z J A W L P S P T M B U O
N U A R G A D D R M X V D P G
Z Y Q H I B Y R J I D H T Y P
```

GYFRAITH
GWELD
CANHWYLLAU
TALU
BUSNES
CYMYSGU
YSGWYD
LLENNI
RHESWM
GYD-FYND

PYSGOD
BROBLEM
GURO
DAGRAU
LLU
CYNNYRCH
GRAFF
LLWYR
DYNION
FLAEN

Puzzle 27

```
Q  C  W  K  X  X  M  I  T  N  B  W  Y  D  O
P  N  X  H  P  Y  A  A  B  O  O  W  Z  X  J
P  E  N  N  A  E  T  H  M  I  S  C  R  A  M
E  L  F  E  N  N  O  L  J  S  G  Y  W  O  B
O  L  I  P  O  L  I  S  I  Y  D  F  I  U  U
F  E  R  L  L  A  W  J  M  L  G  F  C  H  B
S  B  P  N  I  D  G  E  D  E  K  R  V  C  I
B  R  O  W  N  O  D  M  X  M  F  E  I  T  U
Y  T  Z  V  N  R  W  J  X  P  F  D  C  G  F
T  D  B  G  O  I  N  I  M  K  U  I  O  U  A
U  Y  G  L  D  V  H  V  W  J  R  N  F  Q  L
L  Q  S  Ê  J  V  U  H  W  W  E  O  L  L  L
M  D  M  P  D  W  B  L  E  I  D  L  E  X  I
B  K  C  E  N  H  A  D  A  E  T  H  D  B  S
```

MELYSION	MAM
MARC	NOD
CENHADAETH	LLAW
GYMEDROL	PÊL
DWBL	PENNAETH
SILLAFU	MINIOG
POLISI	CYFFREDINOL
CUL	BWYDO
BROWN	ELFENNOL
PRIF	FFURED

Puzzle 28

```
F E L L Y F F A N T S P F A V
F R E H C O L G O V M M Q D Y
E F U A H T E A G O W Y H R W
D I W E D D A S S Z P C L C J
E N A C O R W Y N T A E N N D
R A F X T E M D Y L G S Y G A
A S I C S N G K L K J F I E D
L O Y Z Y A O E P D Y B C E G
D H A I A B B T O T Y O C B R
C Y F E R B Y N I A D O X P O
C Y S Y L L T I A D R Q J I L
G W R A N D O E O W O M R J N
T R O S G L W Y D D O A Q L N
W E R T H D V L A P W M A Y T
```

CORWYNT
CYSYLLTIAD
RHYWOGAETHAU
GYSGLYD
YSTOD
GLOCH
ADDEWID
BELLACH
TROSGLWYDDO
ROCED

LLYFFANT
HER
WERTH
ERFIN
HOSAN
WARIO
BANER
GWRANDO
CYFERBYNIAD
FFEDERAL

Puzzle 29

```
G Y F F R E D I N O L O V H F
C G W Y D D O N Y D D R K Y F
I X D Z H C W R E B O N L S A
A L L D A I T H C C O C H B R
C L L P T D S O O T A U R Y W
C Y P S J O A F N O R G U S E
Y W N J Y L X I O P H F V I L
F G Y H K T O T M Y I P K A I
F S M T A G A R A S I U D D O
U I F O S L L X I F F O H N U
R D A O E F I E D N F G H H K
I C I Y C S U W D M D T D D B
A F C P U E O V Y R H Y W L E
U B H W T B F L Z D M H L G O
```

GRONFA

CYFFURIAU

FAICH

OSGOI

HYSBYSIAD

RHYWLE

ALLDAITH

FFARWELIO

CYNHALIWYD

DISGWYL

ECONOMAIDD

TLODI

AUR

BERWCH

HOFFI

COCH

PYS

GWYDDONYDD

MOESOL

GYFFREDINOL

Puzzle 30

```
Y Q G K K C G M C T E M F Y W
M I D D W P L L Y S R E W G X
A W O O Y S G E J Y M S J L J
P Q W F Y E Y B C B N U T O P
N T Y R W N R W F S M R H F B
M U T A C P E O E Y Z J D A E
J A F F W L B V V H U Q M N O
D N M Y V W I G S L F I N Y X
E N O C N P P I X Z I W H Q
L O I N I C V L A C L T X F J
A T F N V W G R T L R Y G A H
G S Q Y V A X D R Y S U H R P
M U N L F Z E A W I O S Q H L
D S Q I C F X O G J O P G F S
```

CYFARFOD
GALED
GWRTAIS
DATRYS
HYSBYS
HYNAFOL
BERYGL
TYWOD
CINIO
DWP

PLWM
FYW
ENNILL
LWC
MESUR
POT
GWERSYLL
TONNAU
DRYSU
YMA

Puzzle 31

```
S D A Q P L Q K N T W W C C F
I E T G A H N A O Z O J Y H F
D U O L N D T E I M L O H W R
A N M D N E A K C I O J U I E
N Y I T A R O M X R N V D L S
A D G Y S R E R P N I Q D I P
I D Z O G B E D C T H V O O K
D A I M Y W R M Y D N O F N A
D T C P H E R V D N E D H Q W
D A C L U S A G Y E R L L E L
S Y M L I G M V W Y B Â M X T
L O U D A I S Y W B A M I X Y
F Z P N J O E E S V C N U A J
M Z N I U F R A D I S Z C Z S
```

TEIMLO

CHWILIO

SYML

AMSER

BRENHINOL

YMRWYMIAD

ANFON

DEUNYDD

FFRES

MABWYSIADU

ATOMIG

CROEN

PANNAS

DACLUS

LLE

IÂR

CYHUDDO

SIDANAIDD

DARFU

DESG

Puzzle 32

```
V  J  G  R  S  V  O  F  R  O  T  E  C  P  Y
N  T  S  B  D  C  P  B  E  E  P  D  O  E  S
T  D  S  D  E  L  B  R  L  D  F  Z  F  R  G
N  G  A  N  R  I  F  E  Z  V  D  N  I  S  R
A  A  L  L  F  O  R  I  O  B  N  A  O  O  I
I  X  U  B  G  A  Z  B  Y  W  Y  D  L  N  F
H  A  V  O  U  H  A  E  L  I  O  N  I  O  E
C  R  O  F  F  D  Y  F  E  I  S  I  O  L  N
R  R  G  W  E  R  T  H  U  S  O  R  E  T  N
Y  A  Ë  A  N  H  J  I  W  K  L  H  D  A  U
G  U  N  Y  F  R  E  D  N  E  P  W  S  B  S
S  N  E  L  R  E  S  M  A  I  C  Y  G  L  F
I  P  I  L  L  C  F  Q  D  I  R  G  Ï  P  J
D  A  S  E  E  I  A  I  B  O  H  O  O  P  O
```

COFIO	PILL
RHWYGO	ALLFORIO
TABL	PENDERFYNU
PERSONOL	HAELIONI
FEDDAL	GWERTHUSO
DISGYRCHIANT	YSGRIFENNU
CRËYR	BYWYD
FFORC	DYFEISIO
TELERAU	SGÏO
GANRIF	AMSERLEN

Puzzle 33

```
L A F O G U J I L O D I D P N
X S G A M L Y C A F I G A C X
P T S O N F K K Q C N M D K N
I U G M R W A W W R E X G R V
Y D L R G B Z M B E S C A N O
A I I W V F E D Z D Y R K M U
V A M D U C Q F P F D D W G J
T E L W N C Q S O R D H W W Y
K T C Y N M A T E R I P X R G
G H T I A W D Y W H R D K E E
Y C D X L Y H X Q B M U D G G
L Y E H F A C O H T E O F Y C
C W R N I D O Y W L N J Y S O
H W S Q D U D X S P Y G S B O
```

GYLCH
GWDDF
ASTUDIAETH
DIFLANNU
DROS
DINESYDD
FUWCH
GWREGYS
GOFAL
BROGA

CYFOETHOCAF
ERS
GEG
RHWYDWAITH
WAWR
PRIDD
AMLYCAF
DIDOLI
MATER
WYCH

Puzzle 34

```
G Y M H A R U L V G X Q O D A
U R R L Y Q W L L G R F H Y S
W O S C U J C W W I F G W N G
D R A S Y N E F F Q A J Y W X
K R D U A M L R U S R R C A O
K H O E F C F G Q V K I E R G
Y Y I R U J Q I W B W A K E W
H B R A E D E I F I O N N D E
A U P W D D Y N I O N F Y N R
G D I H C W N U M Y R G P E T
Y D I C G E V Y E Ŵ W M Z A H
D I D D O R O L I F Y Z R L W
D I S O D L I S D W Q B V M R
O E D O L I O N C U S K G Y T
```

YMUNWCH	RHYBUDD
CWYMP	CELF
DYNWARED	FYN
PRIODAS	DEIFIO
CHWAREUS	GWERTHWR
YMLAEN	OEDOLION
DDYNION	ASYN
DIDDOROL	GYMHARU
ERAILL	DISODLI
LLWFRGI	SIŴR

Puzzle 35

```
M N D I B Y N A D W Y V A B G
T E D J P M W Q C M Q E N U P
E W D T N A I D D R O F F Y H
L A O D A I L C I D T D O I B
E L D T Y T Q B A T V D N Z E
D L D M W G P W Y N X Ô W J R
U F E C V V O U S M G L Y U A
B W A G S G M L L C U E D R T
R H W Y D D I N E B G J N U W
U O G C A B A N K E L A S M O
S Q I D D I A N A C I R E M A
Y J T F C Z Y S T M R G W I R
R J B W H T G W A L L R T V A
B D O S B A R T H O N T K B F
```

GWALL
DDÔL
ANFONWYD
MEDDYGOL
DOSBARTH
DIBYNADWY
AMERICANAIDD
GWAEDDODD
GLIR
AIL

RHWYDDINEB
BRYSUR
LLAWEN
CANGEN
GWIR
CABAN
PWY
SUT
TELEDU
HYFFORDDIANT

Puzzle 36

```
N O I D O N F O C O D X B A C
V B O D R R G S I W G U I P O
C U R Y G I D E L E W N A R L
M T R W D D R W F F G H W R O
W V R Y N U R H E O L S M N F
F O H R A A J O N M W J Y W N
X C T D H H C A I K Z L L A G
Y T Y J E R Q Q B V E B F L Z
W R W H F A R A G L E N Y L Z
P X H U Y P U G G G N E G A W
F F E F D O L R E M N W L D L
U B Q E Y H U B T F N Y F B U
A M L N T I P M G T F P D S F
U X X X M F G T O D R C X D C
```

PRYDAU	YCHYDIG
HEFYD	LLAWN
COLOFN	WAGEN
RAGLEN	MWG
GWISG	ANWELEDIG
IACH	FFWRDD
RHEOL	DRYWYDD
HUFEN	PARHAU
MERLOD	WYTH
COFNODION	GYFLYM

Puzzle 37

```
U A L G Y H T R E Y U L J C C
J H G X K M I I V O Z P R Q Y
V C M F O W D P J G J D W I L
A T G O F F A R B G K A F K C
E I R I N D L O I R U T A N H
C W P W R D D G L N X A T U G
E I G W E Y R X W L N D N Q R
S D A L T D A Z A A I F Y N A
G D R I S M D P M P H N G Y W
I E L S A F D O T S C A E Y N
D H A C R R E D D O H R N L B
I C M H B C D S E T L O L O L
A D U W S W I T X F Y O C S L
U A R H C O G G R O M L I N P
```

GARLAMU
BRASTER
SETLO
ERTHYGLAU
YMDRIN
RADDEDIG
CYLCHGRAWN
ESGIDIAU
NATURIOL
LLINELL

GYNTAF
EIRIN
GROMLIN
OCHRAU
ATGOFFA
RHODDER
DATA
GWAHANOL
CWPWRDD
HEDDIW

Puzzle 38

```
S W H J G F O K S H A R D D M
Y U V F U Z R N W A I W K U U
L O F P H U O I D D R O F F D
F C R T A L E F E L Y C H U O
A P A K D G Y M D E I T H A S
E B B D K D P R I F F Y R D D
N X Y Y P X O T Y W Y D D D G
Q F L Y Q V W R S Q U Y B E O
F J G H M J A G R B U G I W L
B U Q D A D L A U O J Q U I L
D Y C H M Y G W C H D N Z S W
U V C A N O L E T O P G I W N
L L Y W Y D D E O S G O Y C G
T O D D W C H W P U W B H H U
```

BATH
DEWISWCH
DADLAU
IAWN
MUDO
GYMDEITHAS
HARDD
SYLFAEN
DORRODD
FFYDDLON

LLYWYDD
POTEL
TODDWCH
GOLLWNG
PRIFFYRDD
CANOL
FFORDDIO
TYWYDD
DYCHMYGWCH
EFELYCHU

Puzzle 39

```
B  W  D  M  H  Z  M  M  H  F  U  N  I  M  F
W  L  Q  M  I  J  Y  K  A  I  M  K  G  P  C
Z  O  A  C  H  Q  C  A  R  E  I  Q  X  O  C
U  S  F  I  D  T  N  Y  D  D  I  I  A  B  U
D  Y  N  W  D  E  F  D  N  O  M  A  N  I  S
B  W  V  K  C  D  A  D  O  B  A  N  D  Y  C
R  P  B  J  W  L  O  D  D  Y  F  E  R  C  Y
D  Y  R  T  S  Q  O  T  V  U  H  E  N  O  F
A  C  A  W  N  K  A  C  P  R  M  R  E  O  O
M  W  Y  N  H  E  W  C  H  C  Y  R  D  E  E
C  E  I  N  I  O  G  A  U  Z  N  S  C  G  T
A  R  B  R  A  W  F  T  O  S  T  U  R  I  H
G  A  M  G  Y  M  E  R  I  A  D  P  J  F  O
M  G  B  A  E  R  Q  O  S  D  A  O  U  D  G
```

STRYD	CREFYDDOL
CYFOETHOG	DYN
GAMGYMERIAD	POBI
BLAIDD	CLOC
SINAMON	MAD
PWYSO	MEDDAL
MWYNHEWCH	HENO
TOSTURI	ARBRAWF
CEINIOGAU	IDDYNT
CYDNABOD	EDRYCH

Puzzle 40

```
S F F K K B L U G O E R B N K
G X A A V C N E W P G I E V M
L J X S D N G R Z I J A R L D
B S G I A R D D E V V G W X Z
U P E R I N H T E O D D I R U
C L F B P E I R I A N N Y D D
H Y Y L O N N Y B I N N A G C
C W E H R N B H J O Z I C A A
W H T I A W D Y W R Y G V M I
U T S H D I R G E L W C H U V
U R M A D D A U H F T J J L B
C O G W Y D D O N I A E T H A
A M N G I V R H Y H O N G I A
P B Y I K J C D I W Y G I O B
```

CYFRANNU	RWYDWAITH
MORTHWYL	ANNIBYNNOL
DIWYGIO	MADDAU
TEIGR	BERWI
GAIR	DDRAIG
GAMU	DIRGELWCH
PEIRIANNYDD	WEN
RHEW	SEBON
HONGIA	GWYDDONIAETH
DDOETH	UWCH

Puzzle 41

```
L F A T L B C I R P C I F X S
G L W W A G Y E O N C N B S M
O D Y L H O F I J I J D U O Y
F O I W P G R C J D O N F O C
O M C H O E A H H I K U Y C T
D U E A H D N I O A R O X F T
D L N E C E R T H N A I O O H
R T N A R R O A U C E R J R E
A S I R I H C G E M A I N T M
G Y N N O C E H G T D E M Y A
J G Z O Q L Z D M L H F G I L
U U Y J V Y T E B Y G Y H N H
J T U I P C F G I F C C N U Q
U Y A M G Y L C H E D D I R I
```

LLYWODRAETH

TEBYG

YSTLUMOD

CENNIN

GARDD

AMGYLCHEDD

COFNOD

CYFRAN

DIANC

GOFOD

THEMA

CYLCHREDEG

EICH

CYFEIRIO

HIR

MIL

CORN

MAINT

CRIO

HAEARN

Puzzle 42

```
G G G B U D E F D D E A X Q Z
A H T E A D O J F N M M L J W
Y D L E W G A H R F Y L L I Q
K I T O Q B B Y A V J R Y G P
D O R H R X G W G N L R X W I
E R Y Z G S O B Y L W G O Y D
Y I D E E I N F G G Z Z U N J
V A Y X N A Y F W O Y A I E Q
E D D E H C W E R G A B G B A
I A D C C I L R E L U X U O R
F C W K E G L M S E B K I F O
O C Y C D W W W K D W W O K G
R I R P Q I H R R D W B S W L
W F I A J K U Y Z P N Q U T I
```

ESGYRN
GWLYB
CADAIR
AROGLI
GWRES
RHAGWELD
FFERMWR
TRYDYDD
CAIS
BWS

BWY
DILEU
WYNEB
ROI
DAETH
GOGLEDD
LLYFR
LLWYNOG
AEDDFEDU
DECHNEG

Puzzle 43

```
X A X M K G O F M P P H B I G
A D L M G K I G M H T R R Z S
C E P U E T D G U E D K Y E L
A I L Y R L D N A R D A H A L
D L L G Z G Y I R O R C T N U
E A I Q G U N S H I U A Y O O
M D D N N A F R C F L N L F S
A U D X H J E P E S O T L I I
I Y E A D E D K D I D U O O F
D V W Y N Y S D Ŵ R E R G W E
D G G L E M O N S D E U Y F H
V G U O I C C S V A Q S B Y Y
U A C G F A L O N N E S E R B
G O R C H U D D I O I A D F O
```

ADRAN
FUCHES
NOFIO
GWAHANIAETH
GORCHUDDIO
DOLUR
GWEDDILL
ADEILADU
DEFNYDDIO
DEBYGOL

LEMON
ACADEMAIDD
MELYS
LLUOSI
DŴR
YNYS
BRESENNOL
ANTURUS
LLYTHYR
DECHRAU

Puzzle 44

```
O Z M G D Y W N A G O I D J W
B R V I C Y N H A D L E D D D
U U G S Y D P B N B L Q D R L
L S V O D R U M P V Y S U X H
E H A H E H P R Y S G W Y D D
G A T L L L M R H J D Y Q P G
O M Y P B V K B T S O P G H I
I A W Q A K O G Z S J Q W I R
D M B B D K O W P I E B Y C P
D G Y G W E L L A I T H D O N
E U A D Y W Y B Z J G C R I T
T Q Y R F L Y N Y D D O E D D
A N R H Y D E D D U S G T T U
C Y F R I F I A D U R L C W Z
```

DIOG

GWELLA

ESGID

CYNHADLEDD

BLAS

DRUM

DDIOGEL

GWYDR

RHESTR

GANWYD

CYFRIFIADUR

CAT

BYWYDAU

POST

ANRHYDEDDUS

FLYNYDDOEDD

PRYSGWYDD

MAM-GU

BWYTA

DYSGU

Puzzle 45

```
C H Z X C G W E I T H I O L M
A A D Q V L D D E A L L D L E
R P A T J N E F F R O G M E T
P K M V B E Q D V T N Y K U H
E E R Z K N E D D U K Z U A U
D G E V E V T Y W Y S W L D G
P G I A R W E W V C F F D B Y
N X S D F F B R U N M E A F F
A K A D N U Y A X S D D N Q R
J Q U D Q F G Q Z D I I A B O
D Y N E S Z O B Y R D O M R L
P I X W G W L W G W E L E R F
H A K H Y T R F L W Y D D Y N
F L N D R T J Y Y W S M W K T
```

TRWYDDED   ANADLU
GWEITHIO   HAP
GWELER   CARPED
GORFFEN   DDEALL
FLWYDDYN   METHU
WRAIG   PAN
LLEUAD   CLEDDYF
TEBYGOL   ARWYDD
REIS   DYNES
MODRYB   GYFROL

Puzzle 46

```
H C Y W G G O R L L E W I N V
R E C S L H C Q E M M U G H Q
A I D Y L R S L W D A T W U N
F N A M K T W P A I L C G B L
A I I U H V N P T R W A W A J
M O D D X L J U D D E F M L A
P G E I A Q O E D A N D S E R
I F R A P X M V R L D D Q H D
R L H D T O J D O I U Y M K D
W W T A M R O F F E I W H T U
O C I R J P R A F D U S E N L
B H E F T U D S I A T N A M L
R H W A U U M V R V A I N R J
T B G T X V A G B U S M M N R
```

ADEILAD

AMDDIFADU

GWEITHREDIAD

MANTAIS

TENAU

MALWEN

FLWCH

CEINIOG

SYMUDIAD

WOBR

GWYCH

THERMOMEDR

FFORMAT

FAMPIR

GORLLEWIN

BRIFFORDD

ARDDULL

HELA

TAWEL

SWYDDFA

Puzzle 47

```
D A I S A N R Y E T I J Y H W
F I R B W C R E N P U L U F K
H D W D C R V G E Z O F G G U
A O A Y L O D D O F R I W G G
N N F F L O D O N E P E U A W
F E H G U L P L L K R Y B X C
O B T V A L I   I S E L G Ŵ R
D C R W H D F A L O R W W Z J
O V E D Y V T X N E L L R A D
L B W H B D J J B T Q C W L J
M T C O V J T Z F Z W J D I I
S E I G K K C Z G L L W Y Y F
I D R A M A T I G D W E U D O
E N G H R A I F F T H B B V M
```

IECHYD
GWERS
DRAMATIG
OLAF
HANFODOL
ENGHRAIFFT
DARLLEN
BRIF
BENODI
DIWYLLIANT

GWIRFODDOL
BYR
WERTHFAWR
PENODOL
GŴR
LLWY
HAUL
DWEUD
ISEL
TEYRNASIAD

Puzzle 48

```
R A S C S I A W N S R C S Z X
P K J L H T E B B S R S I X O
H C A R T Y H C W E D A G K I
A G X D C S F F R O G I L X N
Z T D O W A C R Z E B X E B Z
Y C O D L L U D E T O T D K K
A K S H E D J I N S G C I I G
L N I F F W B C H W Z U G Y A
B R Y N Y A I Z E I E M X W R
K F J E H R R S P W Y S I G E
R U V V R F T W P Q V W R K D
Y P A X K Y O C Y Q B F Z C I
K K G M N N E W Y D D I O N G
Q F Y F R V H N Q F N Q E Y H
```

GWESTY	RHYFEL
BETH	ISOD
SIAWNS	DOD
GAREDIG	NEWYDDION
CHYFRES	GORFF
DDEWIS	FRAWD
HYTRACH	PWYSIG
DULL	SIGLEDIG
GADEWCH	FFIN
BRYN	CAWOD

Puzzle 49

```
C L O Z M R D O L E A W G M Y
Y K C T U W L L G E X D M O S
K P O E N I L O R O C Y W N A
V J I Y A V Y I R E F X U I X
B U D W W K G H P B C P D T S
Q R A D I M P T J L W O K O G
M J R J S C Y I K Q U J R R W
H M S O M M S E H O X A W D M
U P R G A G O R C H Y M Y N P
C A I F B V O F U K W V B U A
H T R Y S O R Y Q J M M O J S
A H N R Z R E C C B H P W Q Z
F G Y N D D E I R I O G J C S
I P Y S G Y F A R N O G G E D
```

OGOF
RADIO
POENI
GYNDDEIRIOG
UCHAF
CYFREITHIOL
CYW
DIM
YSGYFARNOG
TRYSOR

GORCHYMYN
RECORD
MAB
MWY
LLYG
WAN
AROS
GWMPAS
GWAELOD
MONITOR

Puzzle 50

```
J O M L A G W Y N S C S Y X Y
D O N F Y C Z Q G T U O K T P
W F D R N P R Z K N B O T T T
F S V B N F Y R N F E C I W S
N Y G S I D B A T O G S Y P M
R E B B Z A I F O Z V N F X W
R P P R M D R Y P B A M L E W
J M Z E D E D L T Y C B O V C
B O O Y Z Q M C P A R K I L G
H C W L A I N A A N R W R W A
W L O N N E S E R P E O F M Y
L N F R E U D D W Y D L A Q D
Z P R I O D I R Y W R Y F Y F
H R B T R O S E D D U W F V X
```

FREUDDWYD	CLYFAR
TARO	GWYN
DWFN	PYSGOTA
CYFNOD	DISGYN
COTWM	TROSEDDU
PRIODI	WEL
AML	ANIALWCH
FFAFRIOL	PRESENNOL
AWR	FYFYRWYR
CEFN	LLWYDDIANNUS

Puzzle 51

```
P  K  D  K  F  H  U  K  N  U  R  Y  F  H  B
A  W  D  A  R  I  E  D  Q  T  A  I  D  B  R
R  P  Y  B  W  H  Y  B  U  K  G  B  O  P  E
A  H  W  I  Z  N  C  Y  M  H  L  E  T  H  C
T  U  S  D  U  W  T  I  Y  T  L  D  N  Q  W
O  D  T  R  Y  U  A  V  L  I  I  N  U  A  A
I  A  I  K  A  W  C  F  C  A  E  U  H  X  S
G  D  H  H  O  K  L  H  I  B  F  T  T  C  T
W  D  T  U  C  Y  U  Y  V  O  Y  Y  P  J  A
B  E  X  U  G  E  S  A  X  G  C  C  K  R  G
P  O  M  X  A  B  R  C  H  W  E  C  H  E  D
E  F  S  C  Ô  T  C  G  I  C  A  B  N  W  F
R  E  D  H  C  Y  S  M  S  B  F  W  A  W  W
A  N  O  I  G  E  H  R  N  A  W  Z  K  Q  H
```

CLYMU	TACLUS
CYMHLETH	CIG
NEFOEDD	PARATOI
TAID	EIRA
CYTUNDEB	CHWECHED
CYFEILLGAR	CÔT
SYCHDER	PETHAU
ANRHEGION	BRECWAST
SWYDD	SGRECH
GOBAITH	DAWN

Puzzle 52

```
F H V G N T R Q H S D A R O D
O I U Y R E N T F W D J F K D
H L R M C I X I R I E O D J Y
N L M H G T E E A L N F D W W
Y E T L O H I C T F I O R A G
H B L E L I N D R M W D W Y S
C A D T V O P W I E E B I Y
W P N H P V V P A W B R Z R Y
S D D E T N Y C I B L A L C I
O J A D S U S A L B K W D P R
U J V P I B O N W Y F G O L L
L A I E R T O T Z B L J Q K P
L E A F A G H X Q E S N D C Q
S K A B A J D X Z L S Z F Y N
```

BLASUS
PABELL
FAINT
SWIL
DRWY
PIBONWY
GAFAEL
GWARED
HANES
PAWB

YSGWYDD
EWINEDD
LLOG
LLUOSWCH
BWRDD
TREIAL
CYNTEDD
TEITHIO
DARO
GYMHLETH

Puzzle 53

```
Q  U  D  M  E  T  I  E  D  S  O  R  J  V  H
V  N  A  O  D  G  T  D  Z  I  F  H  V  T  B
C  Y  U  D  B  Y  G  P  H  A  N  E  V  E  L
Q  R  A  F  A  P  L  W  A  C  A  O  C  O  C
N  B  D  E  Z  I  J  L  A  E  D  L  P  K  B
U  B  D  D  R  A  N  U  U  D  W  A  U  F  S
A  R  E  D  M  D  O  Y  I  A  Y  E  G  J  G
H  T  D  T  L  D  R  L  L  Z  N  T  P  D  I
I  U  A  D  F  Y  B  B  M  N  R  H  J  D  H
E  D  T  F  A  F  N  A  N  M  A  E  N  W  I
L  A  S  U  U  S  V  C  X  T  N  C  P  A  U
L  L  A  R  J  I  O  H  H  B  X  V  M  S  Y
B  E  W  J  V  L  O  L  N  J  C  A  I  N  B
V  N  G  Y  E  L  L  C  S  S  T  M  G  A  G
```

BACH	MODFEDD
TUDALEN	CAIN
OFNADWY	LLEYG
DYLLUAN	ENWI
ANSAWDD	CANLYNIADAU
URDDASOL	BRYNU
SIACED	COCO
BRON	EITEM
GWASTADEDDAU	FYDDAI
RHEOLAETH	LLEIHAU

Puzzle 54

```
S  I  K  O  H  C  W  G  Y  L  P  J  U  F  F
A  Y  M  K  I  F  W  E  J  O  Z  N  T  X  J
C  P  L  O  A  I  E  E  R  D  T  U  H  O  Z
H  O  O  F  N  G  V  B  N  A  L  L  A  J  O
O  T  Y  V  A  N  O  X  O  I  C  T  N  O  B
S  E  D  E  P  E  C  Z  Q  N  W  D  R  A  P
I  L  K  C  W  E  N  I  A  R  Y  W  D  R  I
O  I  J  I  C  Z  E  O  C  I  G  J  U  R  B
F  F  L  A  T  L  W  I  L  E  Y  S  Y  K  T
P  A  M  Y  B  C  L  T  Z  B  Y  L  P  X  J
V  Q  L  G  A  A  A  N  P  R  T  D  W  M  V
G  S  L  S  K  I  F  I  P  O  E  M  D  Z  Q
R  L  O  N  Y  F  R  E  T  S  Y  N  D  O  D
D  I  D  D  A  N  U  P  S  W  Y  D  D  O  G
```

PEINTIO	TERFYNOL
PRYSUR	ALLAN
SYNDOD	FALWEN
BONT	PAM
DWYRAIN	PARDWN
FFLAT	BEIRNIADOL
SYLFAENOL	CWPAN
TWRCI	PLYGWCH
DIDDANU	SWYDDOG
ACHOSI	POTELI

Puzzle 55

```
J I W B A B S E N O L D E B C
M H T E A I R O D D R E C G Y
D P J R C E G I N W E T N Y F
Y P D S U N E O B G A J W L U
H R T O L H E I N I S E P C N
Y B R N H L V R K V R J G H I
N V O T N O E H P M Q R N G A
Y M C H W I L W E E U O F R D
C E V D Y B R E C L I O B A M
Q T U Y H L S N W F P L H W E
F S I Y R Y A M I W H J R N U
O Y N N N V S E F T O D A A D
V S W S U T L O R E F R A E T
B T Y O H C S I F K F K D S S
```

HEINI	YMCHWIL
BOENUS	PWNC
ARFEROL	SYSTEM
CLEIFION	LLEW
UNRHYW	TWF
ABSENOLDEB	GYLCHGRAWN
BERSON	HELP
CYN	CYFUNIAD
CEGIN	CERBYD
CERDDORIAETH	HOFF

Puzzle 56

```
D O N D C N I P E R B Y N C L
Y M S D H Y D D A L M Y D O L
N L N A I G N O H N S H Y G A
E W M X Y E A N T L X K C I C
R R P L X V R H I Z S W H N H
Z H L O Y F G P A G U L W I A
A C I E I N I O S F D Q E O R
G W R T H O D Y F M D N L E T
X N X Z F Y O E I C Y S Y U D
P N I E T H T H Z F W Z D T M
C Y H B X P A Q E F A H L O L
C F G W O B R D E A L L M X T
C O K B X T N J Q D W Q W T F
B G W R X N O K R P W C Q H Y
```

YMLADD

CYNNIG

SAITH

GWOBR

ATODI

GWRTHOD

PINC

EIN

COGINIO

YFED

ERBYN

DEALL

GOFYNNWCH

MOM

DYCHWELYD

HONGIAN

GRAND

LLACHAR

DYNER

AWYDDUS

Puzzle 57

```
K  S  Y  W  M  Y  C  H  T  I  A  T  L  H  E
N  N  P  Z  U  M  Z  R  R  D  N  C  C  L  B
V  V  Y  P  H  W  I  Y  C  A  R  L  J  J  C
C  J  L  N  E  N  E  X  A  D  A  I  R  U  C
Q  X  I  L  K  E  K  L  R  F  Q  Q  N  F  D
G  O  E  S  E  U  R  F  N  F  Z  I  E  G  G
G  A  G  U  Y  D  D  U  C  R  A  B  L  I  O
X  A  B  U  A  N  N  Y  N  O  R  G  F  D  B
B  K  E  D  L  P  V  T  X  C  E  L  R  E  C
P  L  G  O  S  T  Y  N  G  I  A  D  U  M  L
D  I  S  T  A  W  R  W  Y  D  D  E  F  O  M
S  Y  M  L  E  I  D  D  I  O  Y  N  F  I  R
H  W  Y  L  T  X  F  R  X  D  B  E  F  S  H
D  Y  D  R  Z  I  K  D  Y  L  H  C  Y  L  L
```

FALCH	CARN
HWYL	GOES
DISTAWRWYDD	GOSTYNGIAD
CENEDL	BARCUD
CORFF	CYMWYS
CURIAD	LLYCHLYD
TAITH	GRONYNNAU
TRIN	FFURFLEN
YMWNEUD	DRINGO
SYMLEIDDIO	SIOMEDIG

Puzzle 58

```
Y V X M D I B E N Z R S N O C
A R X R H A K C E D Z F W Z Y
H R A K X L M Y D F V E U S W
L W G L J Y B F A E N G C I I
S D B Y Z D F Y Y M I S E M R
A A E D M D K N W I A R K A D
R C I E I E I G H O L E W C E
S Y C I M R L U C C L X I H B
W C H N F A G L R E K O A L M
Y P I T C W H F A Z G C D U F
D P O Y T D A I D V Z Z R D P
Y T G D N E D X A X R S V D I
J E I D V B Z W M H Y B L Y G
N O D W E D D I A D O L C W J
```

ARSWYD	BEDWAREDD
OLEW	CADW
CYFYNGU	MADARCH
ARGYMELL	LLAIN
BEICHIOGI	DRAWS
HWYADEN	NODWEDDIADOL
IDDO	MIS
DEINTYDD	DYLAI
DIBEN	HYBLYG
MACHLUD	CYWIRDEB

Puzzle 59

```
N D D A R G U V N Y T S E M Y
E D G O S N O R O G K N W W P
C Y F A R W Y D D W R R P S Y
D W N T E P R A I H T E R T D
O D M G T N P R C D L Q V X V
N E I V F S H C H A O R D O X
K D C H F E P Q R B N G A M B
N X F R O F F R O P A T G G G
B U W C H A N G E N F N U X W
C Y N H Y R C H U N Y F Y W G
Y S G Y D W O D D M C R B H C
C H W E R T H I N L L Y D L G
C H W I T H Q I Z X O Q C D G
K C U Z T X J L V Y M A W A E
```

TRETH
GWYFYN
YSGYDWODD
CYFARWYDDWR
GODIDOG
HOFFTER
YMESTYN
TRWM
CANT
ANGEN

GORON
CYFAN
CHWITH
CHWERTHINLLYD
GRADD
SWM
PORFFOR
DEDWYDD
CYNHYRCHU
BUWCH

Puzzle 60

```
U S F H A R T N U S D S M Q Y
I A Q A K S O D N T E Y M T M
D E T V N W I D X E R N Z U D
M T Q K A T R A J G F N P R D
G H M R O T S I N C Y W C I I
H U H B D S R H I T N Y B T H
W T C F D K E T F F O R D B E
A K W B N O H Y E U L P X P U
K U I L A H Q G N G W N Ï O R
K Y L U G H B Y Y B S X T K I
Q D Y L B B T B C D H T R J A
G M W C Y F E I R I A D I I D
J P G A C T U H M Z T R S S I
W Y N E B U X C A K H D T Z P
```

TRIST
GANDDO
SAETHU
ATHRAWON
GWNÏO
GWYLIWCH
DERFYNOL
SYNNWYR
CYFEIRIAD
ASIANT

ACT
CHI
WYNEBU
BYGYTHIAD
FAN
CYNEFIN
TRA
YMDDIHEURIAD
HERS
STORM

Puzzle 61

```
Z  C  O  I  S  G  W  Y  B  O  D  A  E  T  H
R  N  A  R  D  E  O  P  E  H  A  N  G  U  W
H  B  B  N  O  Ï  T  R  A  P  D  D  G  F  V
Y  H  D  N  U  A  L  L  A  N  O  L  M  M  C
D  C  P  X  Y  Y  P  X  V  S  Q  U  S  D  R
D  E  F  E  D  D  W  L  L  Ê  R  S  H  M  E
I  R  X  Z  R  M  T  A  E  R  Q  Y  P  C  D
D  D  H  Y  H  C  N  W  R  H  F  W  E  F  H
C  D  T  V  Y  F  Y  J  B  G  Y  F  S  L  T
A  O  B  T  F  F  T  F  H  S  J  F  A  R  I
M  R  O  X  E  J  N  R  A  B  K  R  Y  R  E
P  O  D  A  D  S  E  U  L  L  X  O  Z  U  L
R  L  A  S  D  G  L  O  K  P  A  G  N  J  L
P  M  Y  L  Q  H  P  B  S  G  Y  F  I  T  G
```

BARN
PARTÏON
FEDDWL
RHYFEDD
CYFALAF
GORFFWYS
RHYDDID
ALLANOL
CERDDOROL
EHANGU

CANU
CAMP
LLEITHDER
OEDRAN
ERYR
PWYSAU
PLENTYN
SÊR
SIOC
GWYBODAETH

Puzzle 62

```
D F J O D M A M X P X X Q D B
A E U H I N A N E G N A G I X
W N D X L S Q D N I H Q R O Y
E F Z G L H I N F H C S F G S
L Y H I A R N E L A E A S E G
M L W D D E M L L Y L B A L O
F A C Y G F L G G D E L Y D L
S O U P E I O A F D I T E G I
P O E N D N R H H N D E N R O
I U E K D C I R W A L X L L N
U C X V U Q H C A H T E O P Z
D D I W E D D A R P C G N T Z
U C O O D E O C A X P T D O I
D M O Y G S K W C N I S R V I
```

DEUDDEG	LAWR
DAWEL	POEN
DDIWEDDAR	ANNHEBYG
GANGEN	COED
POETHACH	MEDDWL
DILLAD	LORI
YSGOLION	PLEIDLEISIO
NIFER	SINC
MADFALL	DIOGEL
CAR	RHAGLEN

Puzzle 63

```
I F J N D M C Y E V M T B S W
S X Ô H R E D Y R P R O X K U
L F B O T F N Y R V D K A S F
F H R F H U D D M O G S I W G
A T Y R U S U H L I C X H F I
L Y S E A I N K N T B Y S S W
V V I N I P E U S L Â S R S D
L L W N H H L A U L U T U T E
T O C Y T L L W S Y C R T A O
K T H D I G O L R W U E D M C
C I J D E A F A L G V F F P S
G W V F F E D O G Z Y U M P M
H O U O F T A F L A D W Y H N
N G W A R T H E G R H D T L A
```

PRYDER	HOFRENNYDD
BRYSIWCH	AFAL
GWISGO	FFEDOG
COEDWIG	LLEN
TAFLADWY	LLUN
TREF	STAMP
GLAS	SÂL
GWARTHEG	FFEITHIAU
MEFUS	CYSWLLT
GWYLLTIO	FFÔN

Puzzle 64

```
X  G  W  N  P  M  Q  R  Q  S  C  I  C  G  K
B  O  P  S  Z  Z  C  T  V  N  C  V  V  Y  X
P  L  I  S  M  O  N  S  C  W  R  D  D  D  N
B  O  H  I  D  O  N  E  P  D  Y  D  L  A  E
V  N  U  K  A  J  H  N  S  W  L  G  T  V  I
U  A  R  O  G  D  Q  E  D  C  L  N  Â  Y  T
W  C  Q  M  R  J  K  F  D  W  Â  L  L  M  H
T  A  F  I  E  R  P  F  O  R  R  H  S  D  D
N  W  N  S  M  D  R  J  F  Q  Z  F  V  E  A
E  Y  G  M  N  N  F  W  Y  H  Y  C  F  L  R
R  R  B  L  D  V  L  S  T  O  F  F  I  I  F
T  E  R  X  R  R  K  X  D  H  G  I  A  O  R
H  N  V  I  K  Q  K  J  L  Q  K  L  H  L  V
G  I  G  F  R  A  N  O  R  G  T  P  L  D  H
```

PLISMON	FFENESTR
PREIFAT	GYDA
CANOLOG	GORAU
AWYREN	POB
FRÂN	PWLL
GIGFRAN	NERTH
FFRWD	DELIO
GLWS	NEITHDAR
PENODI	TÂL
TYFODD	CWRDD

Puzzle 65

```
Z X O K D D E W R O G L L E D
G W A E D U R O O W R Y F H Z
C W R S D B G H A E S V F R B
Z A H A T N Q I Z P Y W O I R
X T B Y Y Y T D P D E C S F Y
F S E C J H C W D D E H E C D
O W I M H T R W B Z G A D S E
C L D B P R E H F F G D P Y R
U T D R I E B N U A A D L L U
E Z G P P P L H Q D D A X W S
E D A I N Y F Y D U D S N E O
Y P R D I G O N E D D Y F D U
A R G Y H O E D D I E H G D W
N L C A N O L F A N S X Z L V
```

GWAEDU
RHUDDYGL
SYLWEDD
DIGONEDD
CANOLFAN
GWAITH
LLED
BEIDDGAR
DYFYNIAD
CWRS

SEDD
WRTH
GORWEDD
HEDDWCH
CYNGOR
BRYDERUS
ARGYHOEDDI
ADDAS
FFOS
PERTHYN

Puzzle 66

```
V W M N Y P Y Y P D Z Y C N A
F S F F F W T S Y G F U A X P
T F B Y T W B G L A W O G Q
E G E A K L U R T P J G B S E
C G Y R L M Y D W J G I I A
H J D S M G H D Y C I T T L N
N B W Y D O G O L F Y C Z L H
O N A W R R V L A H N E H A W
L J G U N A F I U N V I H F Y
E X N U K Q R X G B Y S H U L
G S U W Y L W E I W C O I H D
F D H L Z Z K T R Y E R S I E
C I L O N N A I R A V P I H R
Q H K S I A D D Y B C A M E L
```

PROSIECT	SILLAFU
STWFF	DIRWY
FFERM	BYDDAI
GLAWOG	YSBRYDOLI
TECHNOLEG	CWPL
CYFLOG	CAMEL
BWYD	YNA
ARIANNOL	BWYTY
NAWR	ANHWYLDER
BIT	PWYLLGOR

Puzzle 67

```
L M E O M N A O K O L T W B P
Y G O R O E S I F Q O T E O Y
X X L R U V H N T I D O C B M
A Y S N O Y B Z N B A O E S H
D S E W D Q I Y E O I N M W C
I X B D S J F H H H D X L L W
G Z I U H F L Q R Q O X A Z L
O N N O I B Y T C W D W A V B
N F U D A I D D O S D D U B Q
O D D A I D D Y F N A G R A D
J M A S I C R A X Y R S F S A
A I B D M X G K D D T A T A G
B O P T L O Y O V Y R W F J B
A R H O L I A D U S M X F I T
```

SYDYN
TYBIO
GOROESI
OFNUS
RHENT
BUDDSODDIAD
DIGON
BOB
DARGANFYDDIAD
ETO

WASG
TRADDODIADOL
CODI
AMDDIFFYN
CWMNI
SICR
ARHOLIAD
BLWCH
DADL
HOBI

Puzzle 68

```
A H X F N L O T C E B S S P R
G N I H J D F B Y Z H H N Y H
W D G T N I A R B C D L W E Y
R C O E Y K L B C R M S A A N
T Y I A N S U N A L P Y H Z G
H F L G E R S I R A U Y N S W
W A I O M H H L J M L V Y N L
Y R E H T H N E S P W M R C A
N T C C G T B F I H U Q P R D
E A H R D D A L Q D G G E O O
B L T A Y N S I G I C Y N L
Y F L M N M Z Z J J L O H F A
D A R D D A N G O S S Y L A W
D C Q J T A F L U E R R E W T
```

RHYNGWLADOL	MARCHOGAETH
SYMUD	OFALUS
IARD	CYFARTAL
TAFLU	GWRTHWYNEBYDD
ARDDANGOS	SBECTOL
MENYN	ANGENRHEIDIOL
LAMP	FELIN
CEILIOG	YNYSIG
PRYNHAWN	CRONFA
BRAINT	DDAL

Puzzle 69

```
N I Z U G N E D M D G E W H F
P R S A O P R A Y L O P R E N
R Y S S W L L G O J L O O L R
I F R E B A R U F K Y E N F A
S E N O R E J N C C G U E Y F
P Z D C D O N I O L F T B C H
U S H G O L Y G U R A Z L N T
D D I S G W Y L W I P M E D I
C A N O L B W Y N T I O W Y E
K A L R E A N N W Y L A O Z H
Q K S C F O I R I X R P G Q R
U M M V E T R Y C H I N E B Y
B S X J L D A M W A I N B R M
Q Y A P D J C K C U O P K R G
```

BERF
CANOLBWYNTIO
BLEWOG
GOLYGFA
COESAU
DDISGWYL
ANNWYL
LEFEL
PERSON
ALARCH

RHEITHFARN
DAMWAIN
CYFLE
PREN
PRIS
ERGYD
DONIOL
TRYCHINEB
GOLYGU
DENG

Puzzle 70

```
J J C J Z K S N O B A G X G P
H T E A L O I T S Y T F F O N
C M R G Z G F Y A E F R H I Q
R Z D A D I W R I X H A F D Z
A L D L O D Y O G B C R G I T
P J E Z A E G T I S G E A E W
N F D D Y N E C S U I S L N R
M S U V U I O A J B R E W I W
L L A Z H L Z F Q Q F N V N Q
C B Y D D B G F F C A R L W M
T W M K D I A I R E M S W C E
D U M D Z V S Q G F R P O R J
G W A S T R A F F V Y Y O A X
G W E I T H R E D O L B N U I
```

PARCH   WIWER
GWEITHREDOL   BAG
BORE   DAD
BLINEDIG   CARLWM
GALW   HAF
FFACTOR   CWSMERIAID
NEIDIO   OFFERYN
BYDD   FFON
TYSTIOLAETH   CERDDED
CLUDADWY   GWASTRAFF

Puzzle 71

```
Q  M  F  R  S  T  N  T  M  M  S  Q  N  M  C
J  T  L  L  A  W  Y  D  U  O  U  L  G  N  Y
N  N  B  G  M  J  X  F  N  G  L  U  Q  F  F
A  E  F  H  S  H  N  C  U  V  G  V  C  M  L
L  A  S  W  R  D  R  I  D  R  Y  G  V  E  W
L  P  D  A  I  F  A  N  Y  H  R  Y  I  O  Y
S  I  X  L  F  C  Y  F  F  R  E  D  I  N  N
U  X  E  D  G  M  E  N  W  W  B  D  S  G  O
D  G  Y  X  B  O  I  M  U  I  A  E  J  W  N
D  E  S  G  S  Y  L  L  N  E  C  M  J  I  U
Y  W  W  T  P  T  R  F  F  L  A  W  D  N  M
N  W  S  I  C  L  O  D  D  Y  G  E  N  I  H
Y  T  J  N  S  E  H  R  Q  Z  D  V  O  U  G
C  C  N  R  R  A  O  I  I  B  A  B  I  V  F
```

BABI	MEDDYG
DRWS	CYFFREDIN
DYWALLT	HYNAFIAD
CYFLWYNO	MUNUD
CENLLYSG	NEGYDDOL
ENW	DEWIS
GWIN	PAENT
LAN	FLAWD
CYNYDDU	BERYGLUS
NESAF	STORI

Puzzle 72

```
R H F U Q U K R G E B I R G M
N O W T V C D K O F J W A R O
T H Z Y E G E D T Q L R W A E
G M W J Y I A H R O X W D W T
Y X F F O D U S E G X C E N H
Y O P N C E C H R N W I P W U
I A I T H G R B N D H L B I S
M F H B A N E G L W Y S I N X
Z F V M D Y D I G W Y D D T E
E H R R E T L L E P K P P Q H
G Y R R U S Y W W O N W O C G
B U R X R O T R E U L I O N N
Y K B R E C H D A N A U K D T
A S T U D I A E T H A U Q V X
```

FFODUS
GYRRU
GRAWNWIN
DIGWYDD
IAITH
ASTUDIAETHAU
EGLWYS
RHAI
OSTYNGEDIG
GWLITH

DEG
RHEOLWR
PEDWAR
GOT
PONT
TREULIO
CWRW
PELLTER
MOETHUS
BRECHDANAU

Puzzle 73

```
K G G W R Y N W H U D L F N R
P C T C S U D D E O H Y C Ô U
G E X T D P A U D D D J M V S
S R E H Z I P R D D O F E L Y
E B P D B A I A Y L O Y D Q C
T Y A E W G X H C Q S B I M G
C D T A S B A M H Q I Q X Y K
D A C Y M N W Y L B O P L Y E
G U D F A R K C O F P B L B V
D D A U E N Y Z N R A D W P X
A B R A W D O W A G R J Y C U
X O X P N P N L I D N E B U A
A R G Y F W N G R O D D R G S
Q L B Y H F B Y A L L Y W Y T
```

ADDYSGIR
LEFODD
HER
HEDDYCHLON
BRAWD
ARIAN
CYMHARU
CERBYDAU
ARGYFWNG
LLWYBR

POBL
MÔR
SET
NEUADD
CYSUR
CYHOEDDUS
AMRYWIOL
SIOP
TYWYLL
DARN

Puzzle 74

```
Q N K W O V P X X J N S P U M
X K X N E P I E M T R U R N C
X V J Y F R R A R J T H H I O
C J E H V Q S M M F B T O G H
Q W N T N A L P T G F E I O I
N D V E H L R M E O E A V L R
H S E R L Q A E M D R I I F I
Y Z M B A V F F Y Y T L R T O
C Y L L E L L F F M O O T F H
G L Â N O G L A Y Y X M D Z A
W L T A F O Y I C X N P T Z
B E U Z N R F T I E X A S Y R
U F Q Z J A E H W Z I G U W S
X A S R K H S O R C O F F I W
```

MYFYRIWR	CYLLELL
COFFI	SEFYLLFA
PERFFAITH	CYMYDOG
GANMOLIAETHUS	WERS
OHIRIO	UNIGOL
MEIPEN	BRETHYN
GEIRFA	SYR
AROGL	PLANT
RHOI	FELLY
GLÂN	FFAITH

Puzzle 75

```
D D O H R Z R D Z X N M O P X
D P L K F E R D V C A Y I B R
A W Z U W T T E Y P A T R W M
T D E A L A I S H M N I I B I
B R L Z S D O G R A G T H U V
L L I V D N Y B D E O M O H S
Y T X W B Â E F I S A M G C F
G U H Q I C X Y E C R W B A N
U Y S G A F N B C S Y Z R L A
F G T C Y F L Y M D E R U L B
D P D U D A L E N R Y V M E F
G W E N I T H H Z G M L E H T
H N M M L E N L W B Y F P M U
R O R D H C F L U G Z V L Y B
```

MAES
CYFLYMDER
DDESG
DREF
DDATBLYGU
RHODD
GWENITH
DUDALEN
CRWBAN
SEFYDLU

LLAWER
CÂN
PWDR
RHY
TAD
GOHIRIO
CYSON
PATRWM
YMHELLACH
YSGAFN

Puzzle 76

```
M P N I R P T Q P D H S E G P
I T K W W H C G D T W D L W D
S L A O A W M E I Z Q I I L A
X L X I M C O L L Y W T P Â N
C U X J O D H O K D U W T N X
G K Z B D M K C A H U T I O L
H E V Y Y D D E R D Y P G Z Q
N X N R V Y T R O F A N N O L
G Y W D T F H E T S R K M U Y
M N M O Y R G W I S N M A J V
O I E F L G O I S Y R B N O Q
B G L D J W X V J B I O L E G
Y Y S B M N Y B R E F Y G H O
D A D A N S O D D I A D D E O
```

FODRYB
BIOLEG
MAWR
SIWGR
BRYSIOG
COLEG
PYDREDD
DYFRGWN
GWLÂN
TWYLLO

GYFERBYN
LEMWN
ELIPTIG
DADANSODDIAD
HET
PRIN
CLAWR
YMHLITH
TROFANNOL
MYNYDDOEDD

Puzzle 77

```
J  Z  D  A  I  G  Y  L  O  D  A  S  P  G  V
A  O  R  A  T  I  E  P  L  N  F  R  T  A  R
N  I  H  T  A  N  U  B  I  A  S  R  Y  L  W
C  N  A  U  N  R  I  S  Q  T  W  T  V  L  G
G  F  T  W  J  Y  M  P  D  Y  H  L  D  U  O
U  O  S  E  H  F  T  U  N  W  T  O  Y  K  N
M  B  F  I  X  F  H  E  Ŵ  F  E  N  R  F  A
A  F  B  K  K  A  M  K  S  A  A  O  X  F  R
T  Î  M  H  S  R  K  H  X  E  D  F  U  C  F
D  Y  N  N  U  T  Y  B  N  A  O  A  T  Q  Y
D  M  G  Z  N  H  B  G  M  G  F  S  H  V  C
O  C  D  A  I  D  D  O  R  D  A  B  V  D  M
L  E  T  R  J  V  H  Y  D  E  R  U  S  Ê  Z
Z  B  K  D  P  H  D  J  V  U  T  L  G  B  X
```

LLAWLYFR	CYFRANOGWR
GAEAF	GÊM
HYDERUS	CNAU
GALLU	OFN
ADRODDIAD	SAIB
TRWYN	TÎM
SAFONOL	ARTH
FFYRNIG	SŴN
FWYTA	DYNNU
ADOLYGIAD	TRAFODAETH

Puzzle 78

```
H  W  G  M  M  V  L  E  N  R  O  C  M  X  C
M  F  W  Z  T  P  D  L  M  I  S  E  M  D  R
H  H  Z  V  V  N  O  F  M  W  O  N  I  H  A
L  H  X  X  G  N  Q  A  N  Y  H  E  E  E  N
T  R  D  F  V  A  R  S  V  G  C  D  V  F  C
H  G  P  D  Y  A  R  C  B  C  A  L  I  H  F
I  C  O  W  I  U  M  H  I  T  E  A  D  F  K
E  A  P  P  O  N  Z  E  J  I  G  E  O  K  T
U  Y  T  L  G  S  A  N  I  A  Z  T  G  G  G
H  C  Y  R  W  G  T  S  J  H  T  H  S  E  V
U  T  N  A  I  D  Y  W  I  D  X  O  Y  L  U
N  E  I  D  R  S  S  K  N  X  B  L  C  Q  P
M  V  G  H  X  Q  U  H  L  G  S  I  H  R  J
A  F  O  N  G  W  L  E  I  D  Y  D  D  O  L
```

GWRYCH	HEN
CYSGODI	HIL
SAFLE	NEIDR
FFENS	AFON
GYWIR	ODL
CRANC	CENEDLAETHOL
GWLEIDYDDOL	RHISGL
POPTY	OSTWNG
ACHOS	CORNEL
DDINAS	DIWYDIANT

Puzzle 79

```
Q  S  D  E  S  N  U  Q  C  Y  K  C  H  G  H
P  I  I  A  V  E  E  W  Y  T  S  R  C  U  R
Ŵ  O  S  B  I  L  C  U  F  N  O  B  T  D  H
R  E  G  Y  Z  D  P  G  R  K  I  I  Y  R  M
G  C  R  V  M  O  U  Y  A  L  R  T  M  T  Q
N  P  I  Z  F  T  W  M  D  S  I  F  U  D  Y
K  F  F  S  T  A  I  H  D  Z  E  F  U  W  B
T  I  I  M  Y  N  Y  C  H  U  C  U  O  U  A
Z  U  W  P  T  I  F  Y  C  Z  S  K  Z  D  F
M  G  C  C  D  A  H  D  R  X  K  C  D  W  F
F  Q  H  Y  E  N  D  I  A  L  L  A  F  E  B
C  A  R  C  H  A  R  P  B  S  I  N  S  I  R
J  Z  D  V  S  D  I  F  R  I  F  O  L  O  Z
G  Y  F  F  O  R  D  D  U  S  L  G  Z  A  U
```

DIFRIFOL	BAE
CARCHAR	YSBYTY
ATODLEN	FOD
CEIRIOS	GER
DISGRIFIWCH	GRŴP
GYFFORDDUS	CYFRADD
MYNYCHU	EFALLAI
DYCHMYGU	MUDIAD
NAIN	BARCH
SINSIR	SIOE

Puzzle 80

```
C W F S N T D E G W Q D T O B
U R W X G D C Y R L J R E L P
A H G B S E L P M E S Ô B W B
I A F Y O B L K Y A P R O Y S
L F F R Y R A N I W G Q T N Y
Y X C H W A G N E B L Z W T R
W W N Q H C R O F F R F Q O T
G A M R T S I E M J O C S W H
U D A I R E M Y G M A C J H I
F Q O I O F L O N Y L O P R O
F K K I N A A D D I O G A L D
T J F O Y W W G E Z S L H F D
H B S W C C L E K G Q L P S G
K F I M I Q F E U D E A G L R
```

TEBOT	FFORCH
ANHYBLYG	ARF
OLWYN	CYNORTHWYO
ARBED	FAI
DDIOG	SYRTHIODD
DRÔR	LAW
OLYNOL	MES
MEISTR	SAIN
GWYLIAU	FFUG
GALL	CAMGYMERIAD

Puzzle 81

```
D A D N A B O D V O V U P D F
P D F L C V D V U U U L W B F
A N O B E I T H I O L O Y H Y
M M I L E T T M O C W D S N N
G I W R E N N A H J D A A M H
F T Y D Q W G F N M S I Q M O
J S L H Z C G N Y X A D P N N
F I L D F U N W R A W O O A N
C T H S A R I N C U V D P D E
P R I O D N O L D O B D E D L
H A W D D H G Q Q Y A A T Y L
D W Y N F O P O H I D R H S Q
Z V L T K P Y M S T D D E G I
A M R Y W I A E T H Z I C T E
```

FFYNHONNELL
HANNER
ADDYSG
CRYNHOI
PWYSA
DWYN
DYDD
HAWDD
ANOBEITHIOL
ARTIST

ADNABOD
DRADDODIADOL
GWELODD
BODLON
LLYWIO
MAP
DANGOS
POPETH
PRIOD
AMRYWIAETH

Puzzle 82

```
B  E  N  Y  W  A  I  D  D  H  Q  O  C  K  A
Z  S  N  A  S  Z  E  S  L  X  T  O  C  N  M
C  E  K  J  R  U  T  I  D  G  A  R  A  G  H
A  I  I  F  O  K  D  D  E  W  F  F  N  D  R
W  T  H  I  G  I  I  D  H  L  D  F  O  E  I
S  H  X  R  I  A  R  F  Y  E  G  E  L  G  O
B  F  U  F  W  R  Ô  L  H  L  T  D  P  F  D
U  E  M  Y  D  C  A  D  A  E  L  D  O  E  O
Q  D  R  C  E  R  A  O  M  K  J  K  E  D  L
D  W  S  G  O  E  R  H  Y  F  E  D  D  A  F
G  I  A  R  G  D  J  F  F  R  E  T  O  D  N
G  N  L  D  G  U  G  L  P  M  S  T  X  B  I
P  G  Y  F  R  E  I  T  H  I  O  L  H  T  U
B  F  N  M  C  G  B  W  Y  T  A  D  W  Y  Z
```

SUDD	GWRYWAIDD
GYFREITHIOL	TEI
GOEDWIG	GRAIG
BWYTADWY	RÔL
CYFRIF	ADAEL
CREDU	RHYFEDDAF
CAWS	BENYWAIDD
DEFFRO	HEDFAN
SEITHFED	DEGFED
NAC	AMHRIODOL

Puzzle 83

```
V K X G O U Q I B B W S D B T
G W A S A N A E T H C A A E R
S Z S Z D T I D W M I W M I A
D E U L U O E D D R R F O R E
I E W P G C A H E A T Y C N T
A I F P S C M F M N N M H I H
N S I D D V D G M N P A Y A R
M A T H D A Y N M Y O T N D N
U C H O D O F Z K C R E E A E
K I N S Y W L L R A T B N E W
E S B O N I O R Y E R J W T I
Y B B A T V J U A C E G O H D
Q M Q U P E D N S K A B G R Y
E R S O C B G Y N T D X V G N
```

MATH
ENWOG
CYNNAR
UCHOD
EANG
ESBONIO
ARLLWYS
TRIC
NEWIDYN
COT

GWASANAETH
TRAETH
DEULUOEDD
ADFERIAD
GYNT
MOCHYN
BEIRNIADAETH
PORTREAD
YMATEB
DDOL

Puzzle 84

```
C A N L Y N I A D M C G B P R
E G L U R O L M N Q R W A B G
A N D D B C D A J B O T C T W
R E P W S A J I T G E H H N E
H C R Y G M Y P L N S I G Y F
Y G Y N H Y R C H U O O E W U
D M W D U E L L L B K A N B S
D K G P A O M B O A Q C H F A
H R A D N T Y I L I B A J A U
A Q P N R A V S L E W Y T H R
U C Y M A T L O S I Z D U C I
I F H F C W Q P Z D W D T U U
O N P O J S L X C B G N I P A
N B E B E D I S G L E I R I O
```

MAIP   EGLURO
MILIWN   POSIB
RHYDDHAU   TATWS
DISGLEIRIO   CARNAU
BACHGEN   HOE
GWEFUSAU   CROESO
CANLYNIAD   EWYTHR
SWPER   YMGYRCH
UCHAFBWYNT   GWTHIO
OFYNNOL   GYNHYRCHU

Puzzle 85

```
E  C  U  T  Y  C  D  D  O  W  Y  L  C  Y  Q
T  B  K  J  I  L  W  D  D  G  P  P  A  M  E
X  F  E  S  G  B  E  E  D  Q  D  E  L  O  K
Q  T  S  Y  O  O  T  F  Y  R  C  P  E  S  H
X  W  L  R  P  D  T  N  N  Z  Y  G  D  O  I
E  E  W  F  S  Y  G  Y  I  N  E  G  X  D  E
H  M  O  V  Y  H  C  D  E  M  C  C  K  O  Q
Z  M  B  Q  L  O  T  D  W  O  M  W  A  L  N
C  A  M  Y  R  U  A  I  R  W  R  E  B  N  Z
R  V  W  Q  F  R  W  O  A  A  L  J  G  A  Y
U  G  V  Q  B  Q  M  L  X  R  U  T  A  N  H
E  F  F  I  L  M  I  A  U  W  F  D  D  K  K
T  L  D  F  P  L  O  D  D  Y  N  Y  L  B  D
D  Y  V  G  D  A  I  L  L  U  N  Y  C  H  W
```

FRYS   YMOSODOL
CLYWODD   HYD
HELYG   BERWR
CYFRAITH   CRYF
BOWL   BLYNYDDOL
ARWEINYDD   DDEFNYDDIOL
FFILMIAU   CYNULLIAD
GENI   CALED
BOD   EGWYL
CAM   NATUR

Puzzle 86

```
N Y S C S P E L L N M W T S
G N Y D R E C D D Y H R G O X
X O H I L X R B G S R R V R T
Z M T F Z M W S N A F Y C R N
S R E F N V E Q U L A W R O E
E B A Y W N D Z A E G L H D W
R F I G E W D T L G Y D A D Y
F R N G R V A H O N E Y N K D
Y B I N O H S A G A U F B Z D
C Q R I K G E N M M B E A Z A
P X T L Q J L T A B A S R U Q
U G G K R I Y Y Y R Z M T N A
B R O D O R O L S Q G Y H E O
B T R O S G L W Y D D O R J Q
```

TORRODD   GOLAU
RHANBARTH   RHYDD
TRINIAETH   DIFFYG
ESGYN   YMSEFYDLWYR
GAFR   CYFANSWM
CYFRES   CERDYN
TROSGLWYDDO   BRODOROL
PELL   ATAL
ANGEL   SBIGOGLYS
NEWYDD   DEWR

Puzzle 87

```
A X B A L Z Q D I S G Y B L H
R H N D O D R U D W A R C O Y
A H V A A D O L Y G U H J A F
N T A R O Z M H P C N O E H R
S E G D N J I Q L M B D E N Y
E A X A U T W Y M Y N D U R D
F D D I M R C Y L C H O H A H
Y L K L Y E C V E M S D C D G
D G M I V B F U P I C D W A E
L Q I W G T T F P J D W I C L
O B J H C A W L L O J U S S L
G N J C U K Y U Q C D K I G Y
G S K M H C W V E L V R E A G
K B H Y L I F W B B T V C A E
```

CADARNHAOL
ANSEFYDLOG
HYLIF
YMCHWILIAD
DISGYBL
RHAD
YMUNO
CEISIWCH
TWYMYN
CAWL

HYFRYD
ADOLYGU
ADAR
AWDURDOD
GELLYG
CRUD
CYLCH
RHODDODD
CWSG
DAETH

Puzzle 88

```
O A X H R U C Q U Y U R L G T
D R C E N Y W D A C F N E D U
U W A U P F D N G Q H L P L H
C R S M Q Y D D I D D O R O L
G R L V N F H M G H G R Y U C
U Y L I K I U J T R L O W E Y
T G E D R W G E A W Y N H H F
V W G X L R A B D N W E B G F
G F E I M I G W A Q E A L N U
E K T T N U T S E T D L I A R
U D X A F F Y N N O N B N J E
A G N D D Y F E I S I O O S F
X U C A N N W Y L L Z K S A D
H F N G W R A I G U F U M R A
```

TEGELL	BLINO
HWYR	HUNANIAETH
ANGHEUOL	TESTUN
CANNWYLL	DDYFEISIO
DRWG	CWCH
CADWYN	BLAENOROL
CYFFUR	DDIDDOROL
GYRRWR	GWEINYDDU
GLYWED	GWRAIG
FFYNNON	ADFER

Puzzle 89

```
G R A D D E D I G I O N B X H
O Y C H W A N E G U R N B T L
U Y V P I H I B D B U Q R N A
E Z A E Y T D R X W N E P J W
V S G S U E O D Y L F W I T N
T Y L L U A N H Y F A N A M L
C R O Z U I R E A R Q N Z E O
R C G H J R L R G V E W J V I
Y A O T S W T T S Q D F W S R
N O D A W D D O H A W G E U I
H D D E R A G H T I E W G L S
O D Y S E L J T A I Q I B V L
A I W D O W Y N E M J L J M B
D E S Z Q I L C A Z W L W U S
```

SWYDDOGOL

RHYWUN

TRAFFERTH

GWEITHGAREDD

ANAML

GWAHODD

EIDDO

YCHWANEGU

SIRIOL

MENYWOD

CRYNHOAD

NODI

EUOG

LLEFERYDD

PEN

LLIW

CRYS

WLADWRIAETH

TYLLUAN

GRADDEDIGION

Puzzle 90

```
A P R O B L E M G Q D V P Z R
M Y O L T M Q U W T B R O W U
G M B W K C D L E E K B F Q L
U G U W J Z W P N Y H E R S G
E E G T D O Y O Y O D D G I S
D I S R S U D A N D A L W C A
D S Y Ê T O J T O D I O A X C
F Y X N L I U I T U D F R H Y
A D L L F S D Q G R E I I O M
P D B B C A I J Q H N R A H E
E A Z A H P T Q Y T Y F N S D
L P R D I W E D D Y M Y T A R
W O O T T Q S J O C M G W C O
B C O K I A I L A D R O D D L
```

CYTHRUDDO   MYNEDIAD
GYFRIFOLDEB   TRÊN
PASIO   HYN
GWENYN   DIODDEFWR
PARTI   COPA
CASGLU   YSGUBOR
PROBLEM   BENODOL
AMGUEDDFA   YMGEISYDD
DIWEDD   CYMEDROL
GWARIANT   AILADRODD

Puzzle 91

```
X W G P A X B A W I L W T K G
K I Y C R V F M L A L E S R W
L O R W S Q L O D S W L C P L
G S F T Z D D L H T C O G T E
A M A X B D A P N U H D E K I
F Y W A E V I I N S D R D D
Z L Z W Y B L D O I N T R X Y
H F L B Q R E Ŵ P O P H A D D
R Y W A L L W Y I U D M C R D
S C A K H B M J R X G D E A I
A R W A I N Y G G E R W X W A
P E N D E R F Y N I A D C T E
Z C Q U S U B C O M P A C T T
R F Z C H D O E T H I N E B H
```

AMGEN
GWLEIDYDDIAETH
GYRFA
DRAW
CYFLYM
YMWELIAD
SYLWEDDOLI
WELODD
DIPLOMA
PŴER

BYW
SUBCOMPACT
HUN
CARREG
ARWAIN
ASTUDIO
LLWCH
PENDERFYNIAD
AWYR
DOETHINEB

Puzzle 92

```
B G O N N E H C R E P B N N K
R Y V M W Y N H A U N E G E S
E L A S E S U C I Z J B U P E
S C G L U D C Z K F D D V Z N
Y H S U O C K K O Q A A V F S
C R B W N V X I O I I I Y J Y
H E O O K Y D U R I R N E D L
E D O M G R B W G P A U Z L W
R E Z V A M B O E D C M X W B
T G R C E R Z Q Z O W Y P A P
H G K Q U C T F N R O D L S R
Y E K Q A V T I H A B V F A L
G L N H G J K H E B Y S N I W
L A G W E L E D I G A E T H H
```

SYLW	NEGES
BWRIADU	NES
ERTHYGL	OED
GWELEDIGAETH	CARIAD
DYMUNIAD	ASESU
LEIAF	SAWL
GLUD	MWYNHAU
BWN	BAROD
BRESYCH	GYLCHREDEG
TRAMOR	PERCHENNOG

Puzzle 93

```
P K R S M N J Z A T L A I C X
B E H I D A X Q X V O G W M X
O G C S C C X Y B U N T G K S
K E O W U D E R H T I E W G D
Q L S R D A I D D Y W G I D I
S Y B N U A V Q X F E H H D S
N N I T U C Y N N A L A Y R G
F T A L N Q Q E I W L P D Y W
D M U W N H N C M I R U R W Y
D E R I A M K A P R O S E G L
T L A Y H E F C A T G A F X I
K M M W R R H D Q B E F I R R
Z E W J G C X H K L H K D F Y
N A L Q F H A R U T H R O L F
```

GWAED	HEB
GELYN	DIGWYDDIAD
RHANNU	MERCH
DISGWYLIR	CACEN
CYNNAL	GORLLEWINOL
COSBI	OER
TEULU	ARUTHROL
HAPUSAF	WIR
GWYRDD	SISWRN
GWEITHREDU	HYDREF

Puzzle 94

```
U F I A G O L F Y G U X J J G
G D D E N O I R I W G T M N O
D G M H W W N S B A R I Z O L
N A D Y R T W N J G Y J Z Q C
Y L U I F D C L E F Y D X D H
Y L O N Y I S E F F O R P D I
D N C R N E D O G Y L L I R
C E P C L P H J Y Z U M C F H
Q B U N F E R T L F P X T E O
N Y E G Z E G J E G A O D T W
L D W T A V O I W E J L X H C
O U T L L I E N Z Q Y X U I H
G S S E L O N Y I S O M E R W
T X D I F A N T A I S U B W L
```

CYFRWNG	RHOWCH
DYFALU	WELY
FANTAIS	PRYD
EMOSIYNOL	PROFFESIYNOL
LLYGODEN	GALL
GOLCHI	GYFLOGAI
GWIRIONEDD	TREFNU
NEILLTUO	TRYDAN
BYD	DDIFETHIR
CLEFYD	DEUGAIN

Puzzle 95

```
O F W H O W Z F O E G W D D W
R U D W A G R A D D O L I G A
C H D R O E D H N I Z L F H M
P M I H A L E N Y W M E F W S
D L G E D E H R M M M B I O U
C I A I N U D D Y B Y W N A G
F F Y N L I Y A G R Q U I V N
P F N O E J X I N U B H O A O
F B Y L W D N E D D M A H H T
Z M B A J E A G W E R T H U S
V C H G M W W U J F V X C E Q
C Y F L E N W A D A U I M S M
X Y Z B A T H O D Y N B B F M
J B C Y L C H L Y T H Y R K I
```

HAMDDEN
BELL
DIFFINIO
GRADDOL
CYFLENWADAU
AMSUGNO
GALON
HALEN
PLANEDAU
FFILM

MYND
GWERTHU
AWDUR
RHIENI
MENIG
CYLCHLYTHYR
DROED
RHEDEG
BATHODYN
ANWYBYDDU

Puzzle 96

```
R P G B V K L Q V L L H C Y L
H W W U A H T Y W R F F Y G U
A Y E C N E G N I N W C G O P
I N N H G E N H A D A E T H L
D T C E B A W W N P G E A O A
A A I S K I H I F L J H D M D
I S H D S C R P E U G O V Y R
N N U D A A T H R O I O W S A
R G Z R N U L A D R D W O P M
A K N A I W S P P Z D P F L P
F K C H D Y M D D A N G O S D
Y W T A R Z F Y S Q U T T C N
D B A W J L T A Y I O W A W K
T C I G M J J G N L L R S C B
```

GWAHARDD	RHWNG
GWENCI	DREFN
GENHADAETH	POWDR
RHAID	DYFARNIAD
ATHRO	BUCHES
PWYNT	DINAS
ARDAL	LOT
FFRWYTHAU	CWNINGEN
YMDDANGOS	PRIODOL
DAU	DDIG

Puzzle 97

```
G R F C T K T O Z M Q B R W N
Q W D G Y S N S K W G C V E S
B N N V L F I R O Y G P L R Q
Y R B E T A A K E A F I O E P
N A U R U R R R H F W V Z T M
S B Y J I D F G W H T Y B Y A
D A R P A R U H C Y R D E Q R
V Q L O S A H T I E D M Y C B
S O F L I A R Q T B V D I M E
Y S G R I F E N N Y D D J O N
C Y F L A W N G W A N Y K R N
G W E I D D I T M M X R O F I
D X L B L O D E U O K E L I G
G V S F C Y F R I F W C H L W
```

MORFIL	CYFLAWN
SOFLIAR	GWAN
GWEIDDI	BLODEUO
CHWILEN	FRAINT
CYFARWYDD	ARBENNIG
GWNEUD	DRYCH
DARPARU	ATEB
CYMDEITHASOL	MWYAF
CYFRIFWCH	YSGRIFENNYDD
BYTH	BARNWR

Puzzle 98

```
C Y F F R E D I N O L A F L L
Y B C T R K L L Y F L J L W E
P M T B G Z A D X J O B A J L
D A I R Y F L A T K D H E E P
X D C H E R H E D D I W N A K
C L Y T N Y G O H Z P D R H P
O E N E H H U C D L N A I P E
F W N A N W C I O O G B H M D
N Y A D A I N Y B R E F Y C W
O R R A I A K I A W B S O F E
D C A H J G Z F N L A T D F R
G H B N U U F O D I W U E L Y
Z U J E M T Z F A M Y P R A D
P T O G C Y M Y S G W C H T D
```

ADLEWYRCHU
CYMYSGWCH
MILWROL
DOLL
PARAGRAFF
TALFYRIAD
PEDWERYDD
FLAEN
CYFFREDINOL
CYFERBYNIAD

HER
AUR
HEDDIW
COFNOD
COTWM
FFLAT
ADNABOD
GYNT
CYNNAR
GENHADAETH

Puzzle 99

```
F  M  J  A  S  C  Y  F  R  E  S  A  G  B  U
E  K  G  E  R  B  K  T  A  V  J  O  S  D  W
N  T  O  D  D  E  N  O  G  I  D  B  D  A  H
Y  Z  B  T  A  A  C  N  A  R  C  Y  G  N  U
W  C  A  R  A  M  V  O  F  L  N  B  O  L  C
X  Y  I  A  D  W  R  G  R  I  E  Z  T  E  B
F  M  T  M  N  R  B  A  E  D  A  L  W  Y  R
E  Y  H  O  I  T  A  W  N  H  E  L  Y  G  E
R  D  O  R  U  A  G  G  X  T  L  A  V  F  T
S  O  J  Z  M  P  M  M  M  A  I  G  O  Y  H
I  G  N  E  W  Y  D  D  I  O  N  A  P  I  Y
W  F  O  T  S  A  P  M  W  G  L  L  D  L  N
N  R  U  H  T  Y  S  T  I  O  L  A  E  T  H
C  Y  N  R  Y  C  H  I  O  L  I  W  T  Y  Z
```

AMRANTIAD
FERSIWN
CYNRYCHIOLI
FENYW
NEWYDDION
GWMPAS
RECORD
GOBAITH
SWM
DIGONEDD

TYSTIOLAETH
BRETHYN
CYMYDOG
PATRWM
CRANC
HELYG
CYFRES
GWEINYDDU
TRAMOR
GALL

Puzzle 100

```
P U Q G E D A T T L U E S N C
W X G X Y D A C N E I D I O Y
L B W A P F E D T D I V L R F
L W O U Y I F P E W H W G M L
D J B O S D R R D F F E A Q Y
A V R O V O Z O E N B U F G M
T I R Y M V I Q A D O B Z P D
B P M S W F C I T Q I I P N E
L S I Z O U G A G I N N Y C R
Y V Z H T I A S O T Y S O Z Q
G C G X S E K Y F Z B Y U L R
U N D A I M R O F F R E P T O
A F F A C T O R A N E E K I B
C Y S Y L L T U R A D M G B H
```

DATBLYGU	SAITH
DERBYN	CYNNIG
ANGHOFIO	PWLL
CYSYLLTU	PROSIECT
PERFFORMIAD	NEIDIO
GYFFREDINOL	FFACTOR
ATGOFFA	DEG
DWFN	TAD
PAWB	CYFLYMDER
GWOBR	BOD

Puzzle 1

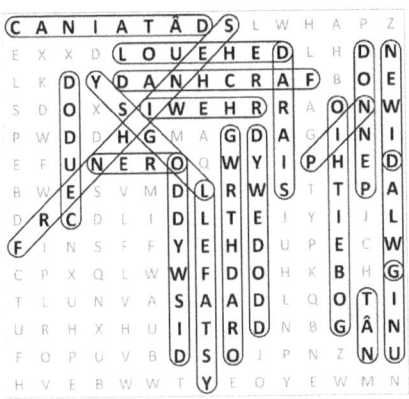

Puzzle 2

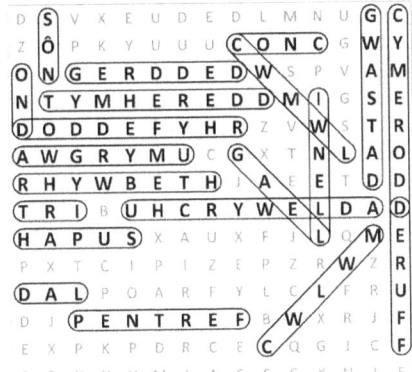

Puzzle 3

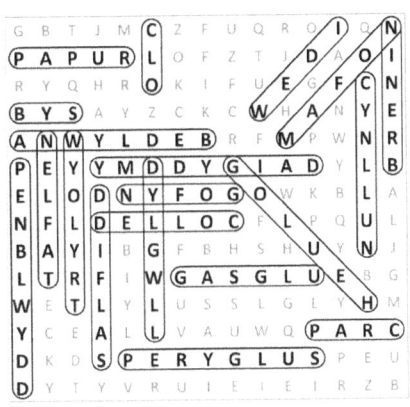

Puzzle 4

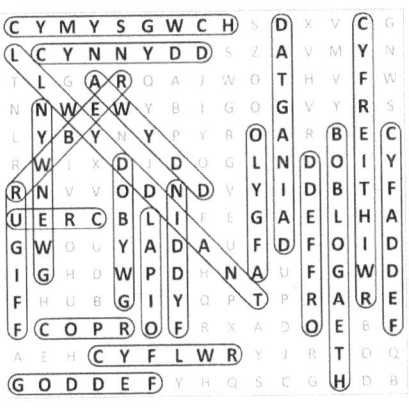

Puzzle 5

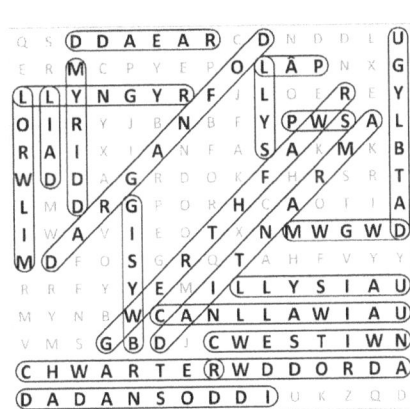

Puzzle 6

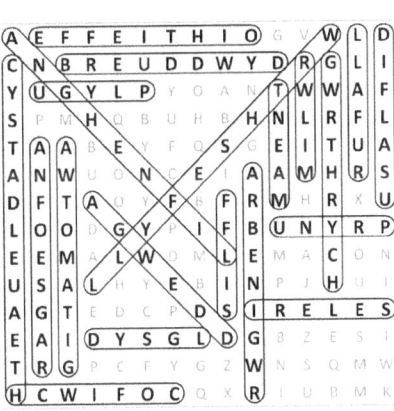

Puzzle 7

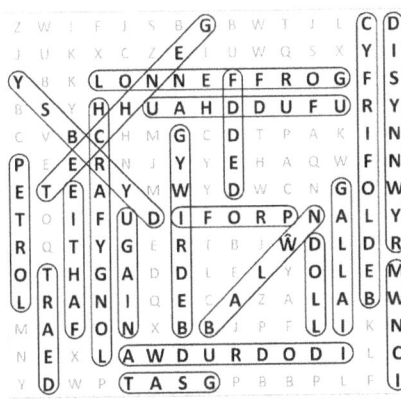

Puzzle 8

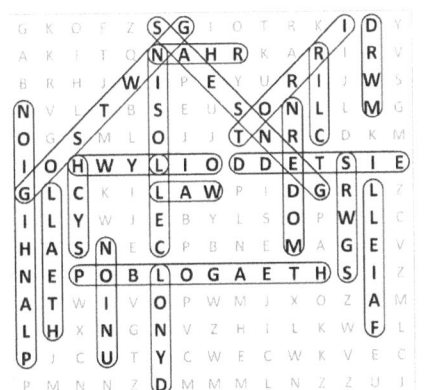

Puzzle 9

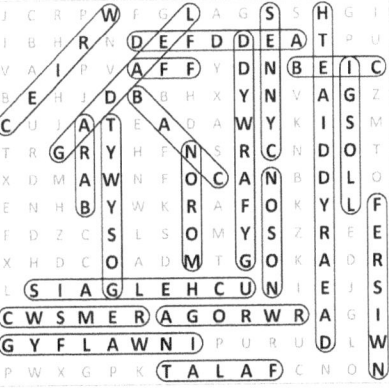

Puzzle 10

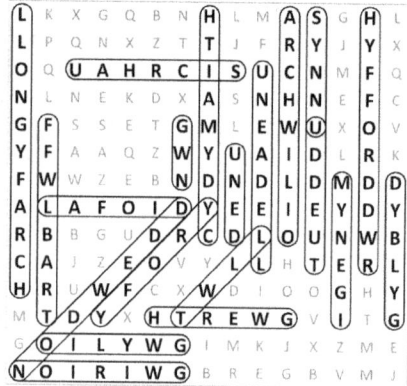

Puzzle 11

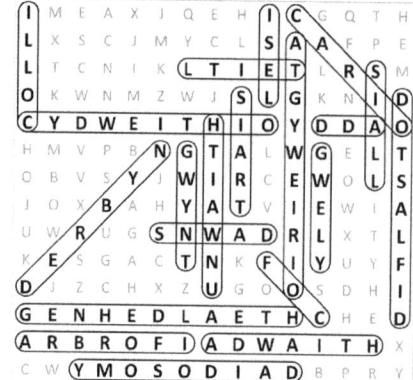

Puzzle 12

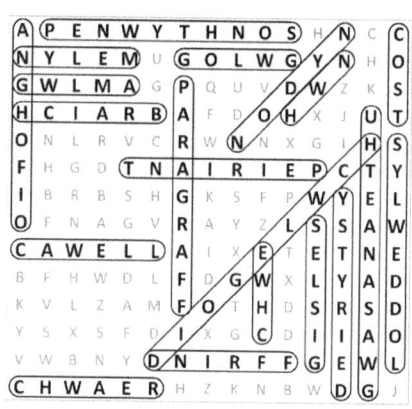

Puzzle 13

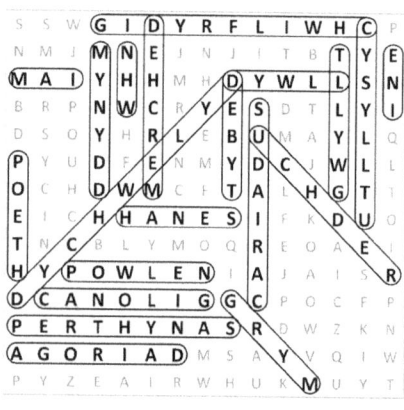

Puzzle 14

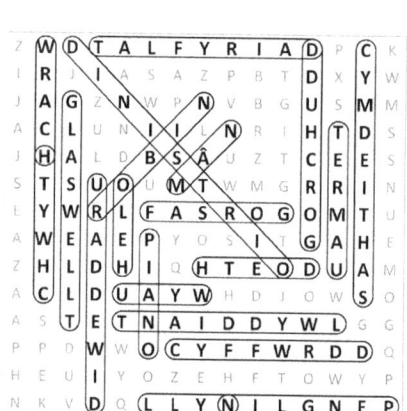

Puzzle 15

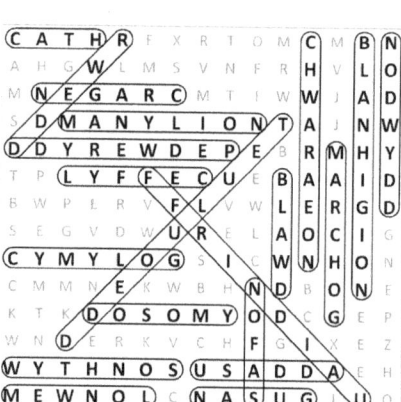

Puzzle 16

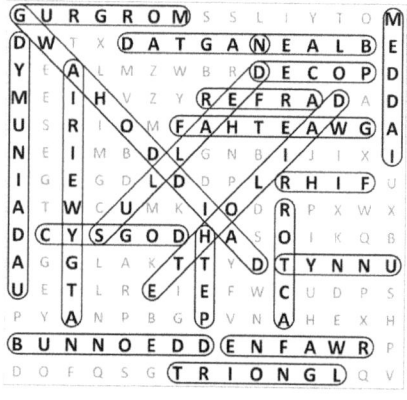

Puzzle 17

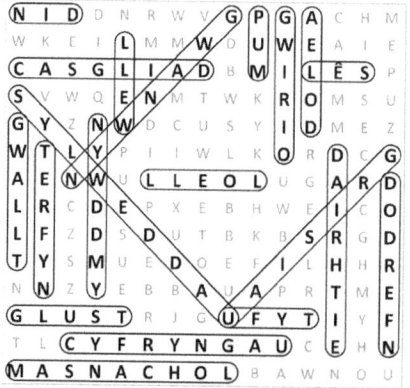

Puzzle 18

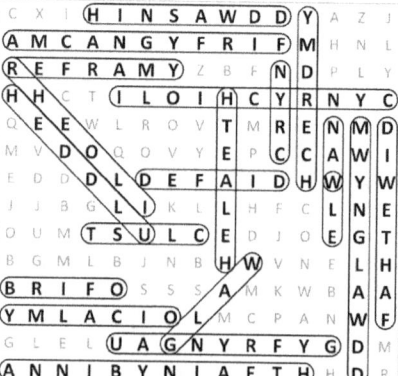

Puzzle 19

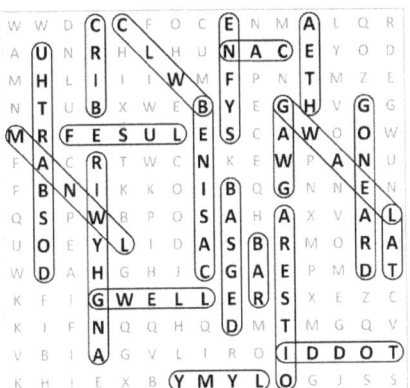

Puzzle 20

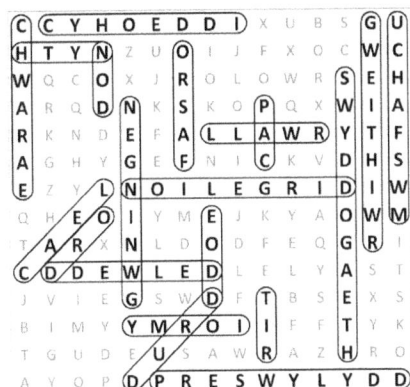

Puzzle 21

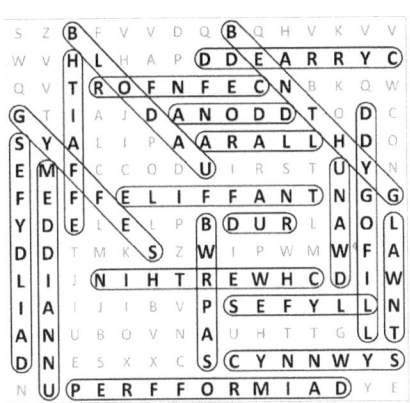

Puzzle 22

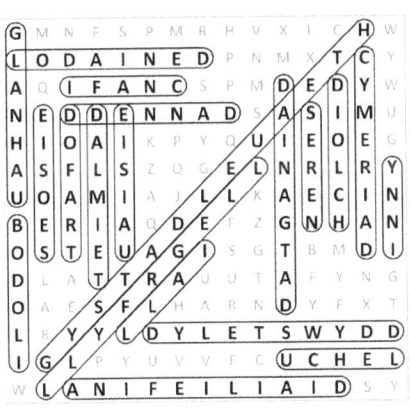

Puzzle 23

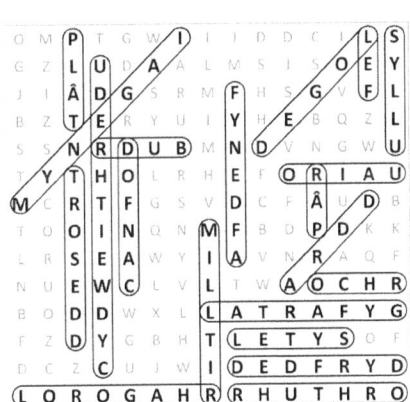

Puzzle 24

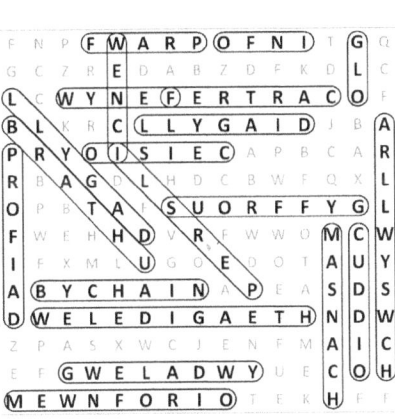

Puzzle 25

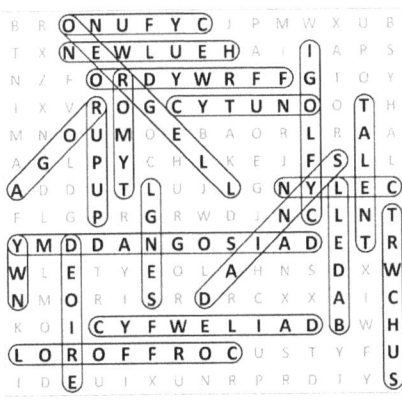

Puzzle 26

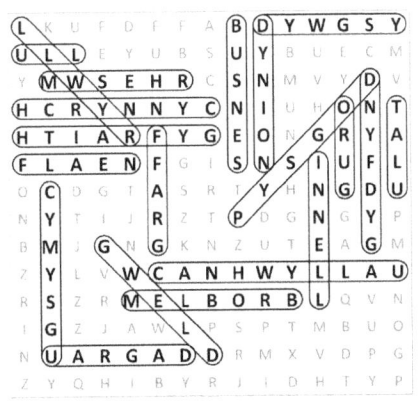

Puzzle 27

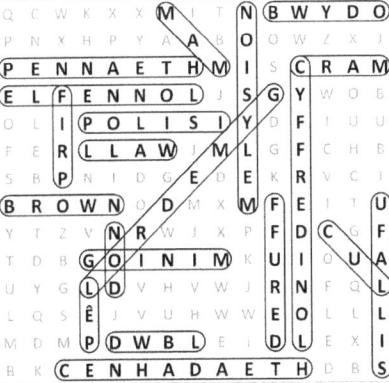

Puzzle 28

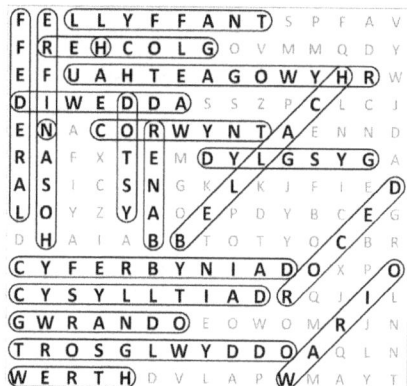

Puzzle 29

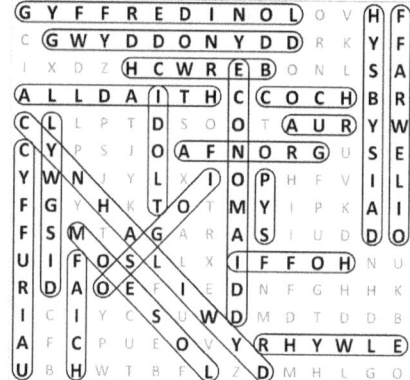

Puzzle 30

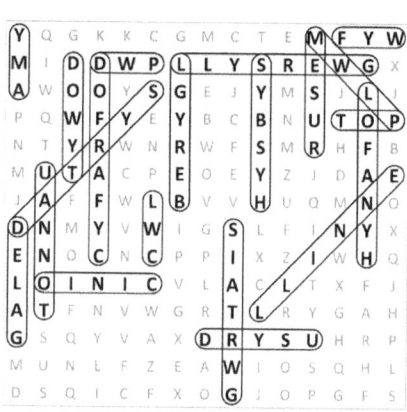

Puzzle 31

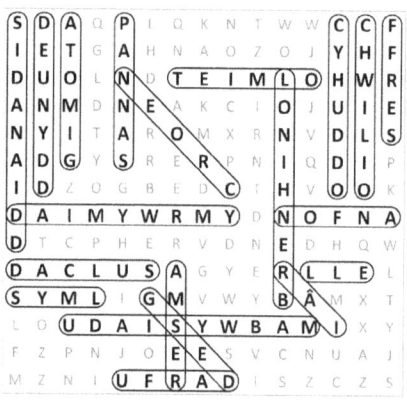

Puzzle 32

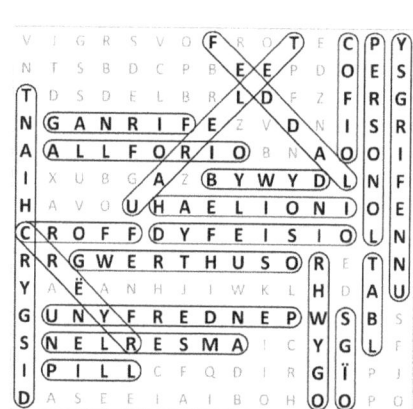

Puzzle 33

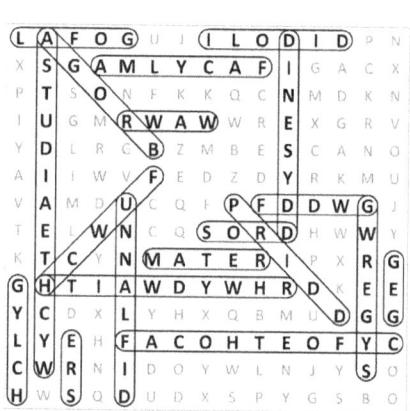

Puzzle 34

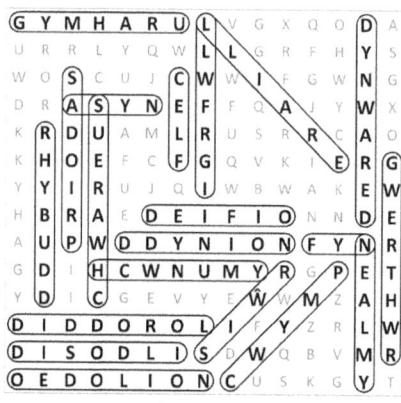

Puzzle 35

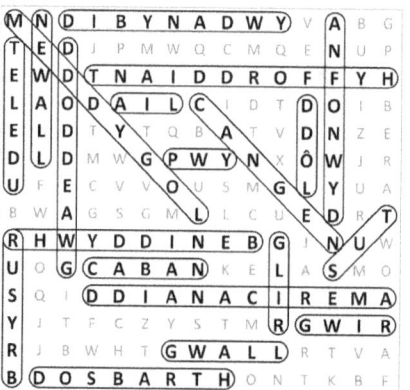

Puzzle 36

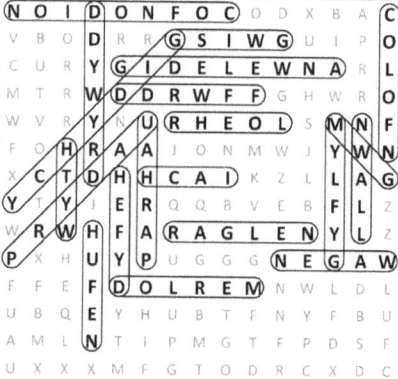

Puzzle 37

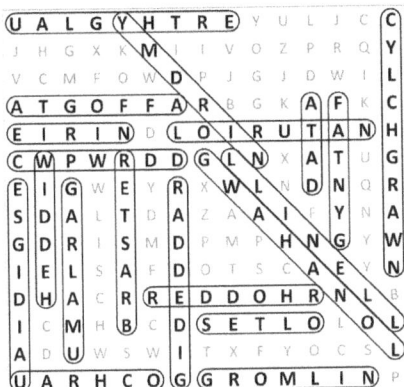

Puzzle 38

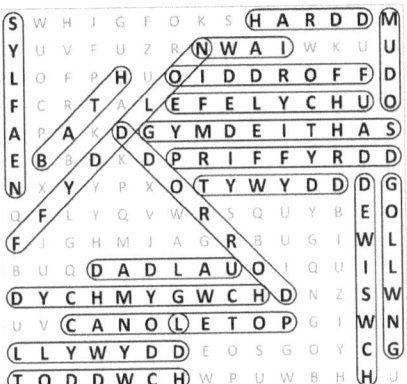

Puzzle 39

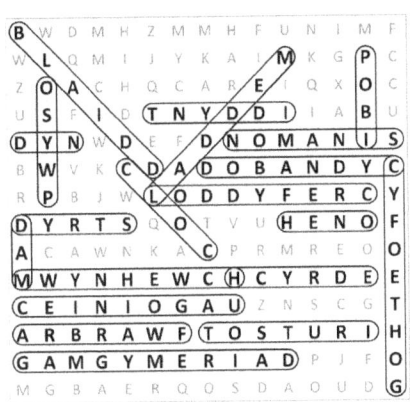

Puzzle 40

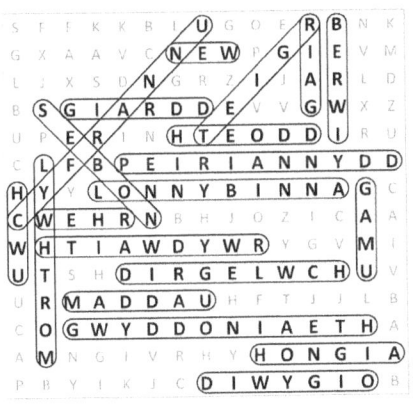

Puzzle 41

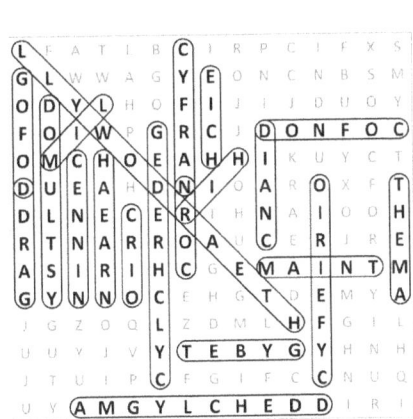

Puzzle 42

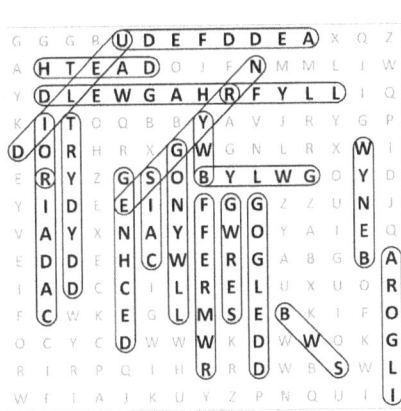

Puzzle 43

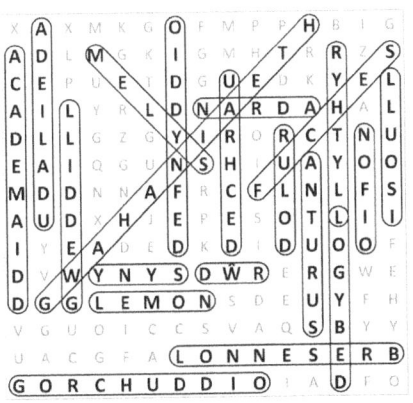

Puzzle 44

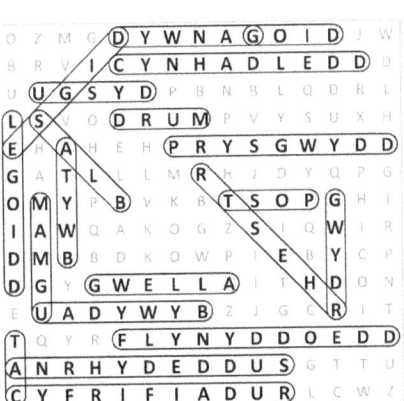

Puzzle 45

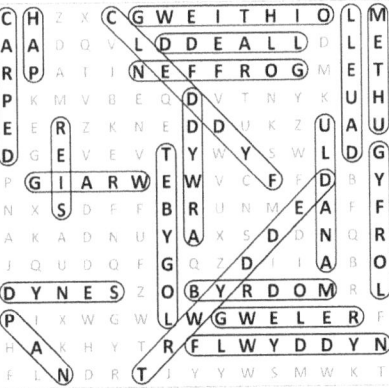

Puzzle 46

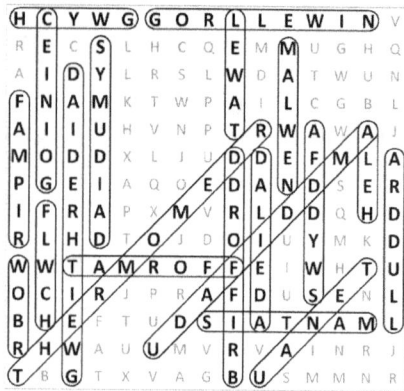

Puzzle 47

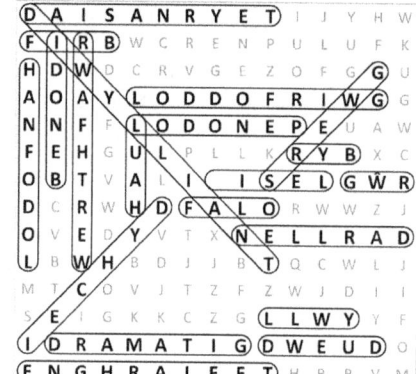

Puzzle 48

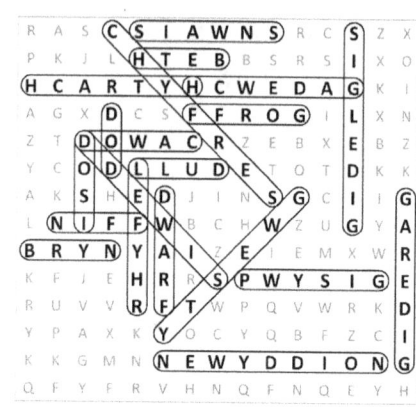

Puzzle 49

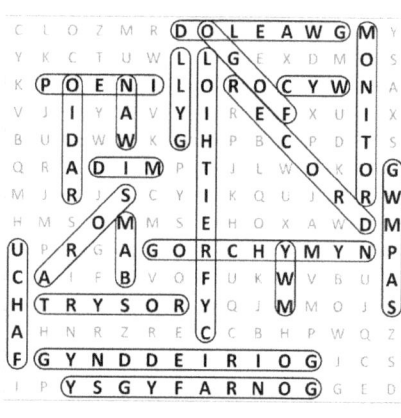

Puzzle 50

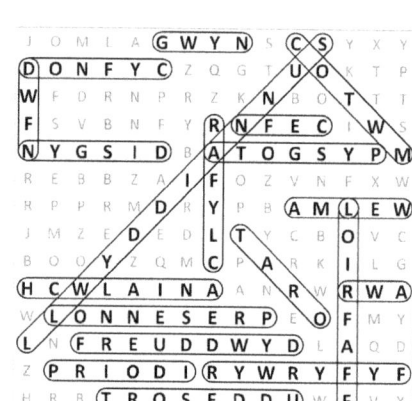

Puzzle 51

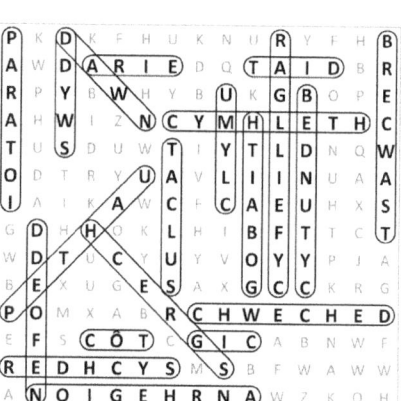

Puzzle 52

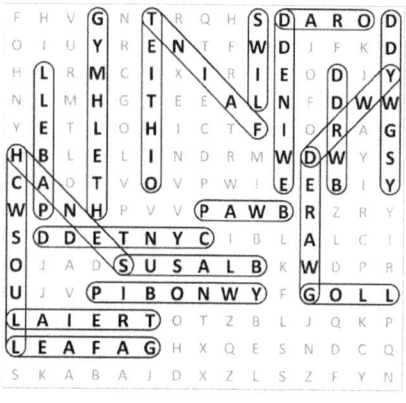

Puzzle 53

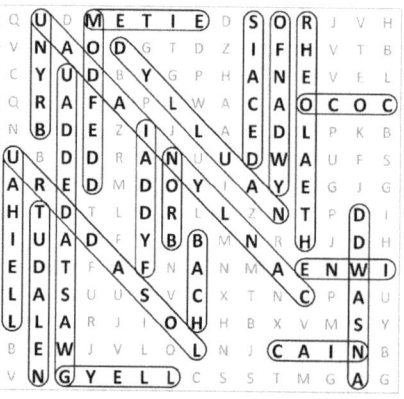

Puzzle 54

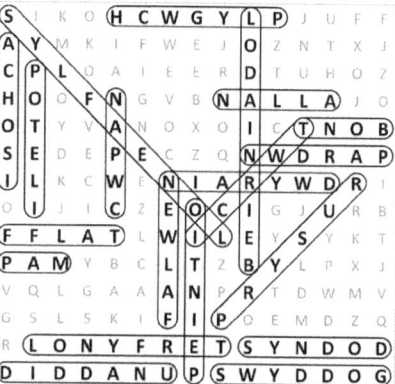

Puzzle 55

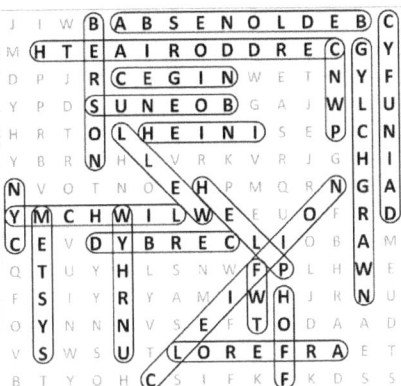

Puzzle 56

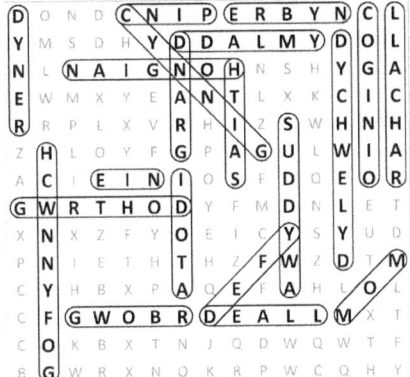

Puzzle 57

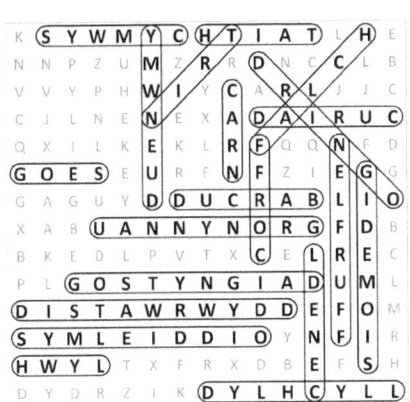

Puzzle 58

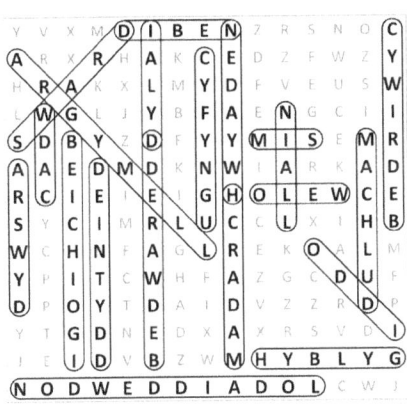

Puzzle 59

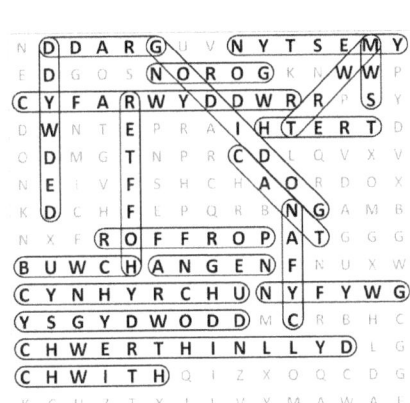

Puzzle 60

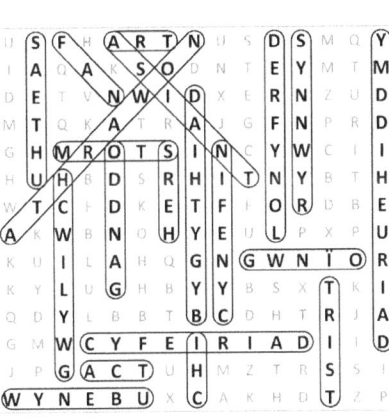

Puzzle 61

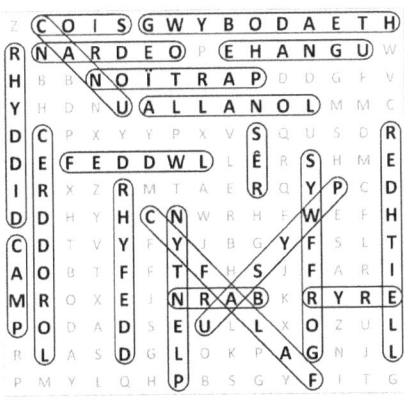

Puzzle 62

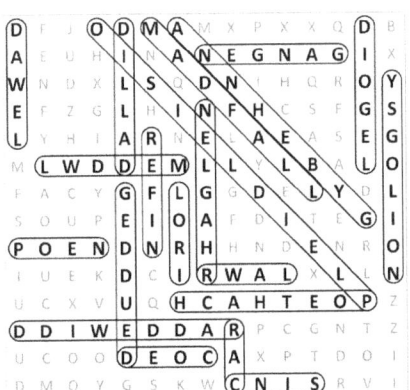

Puzzle 63

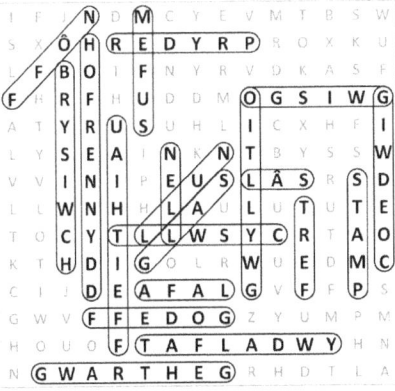

Puzzle 64

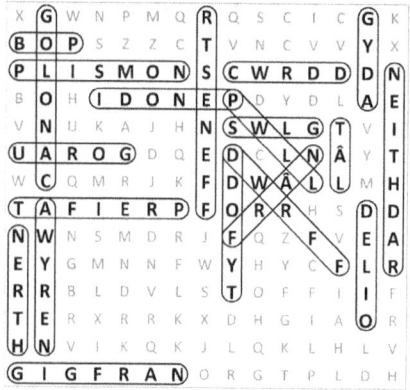

Puzzle 65

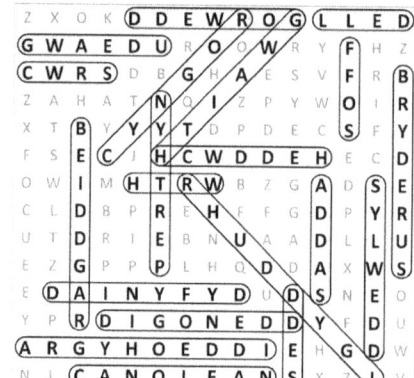

Puzzle 66

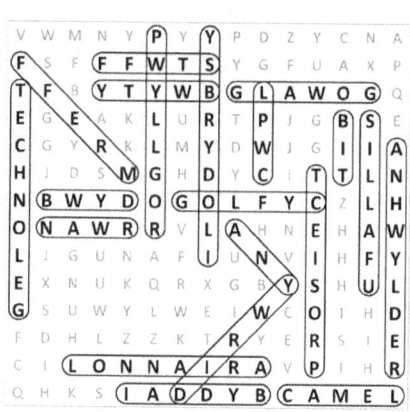

Puzzle 67

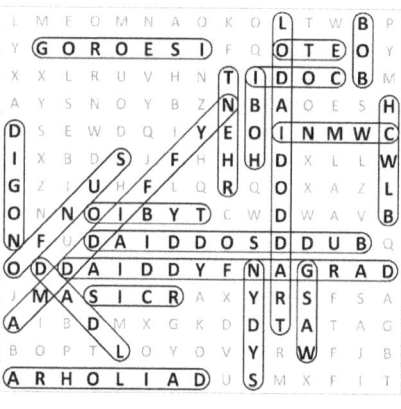

Puzzle 68

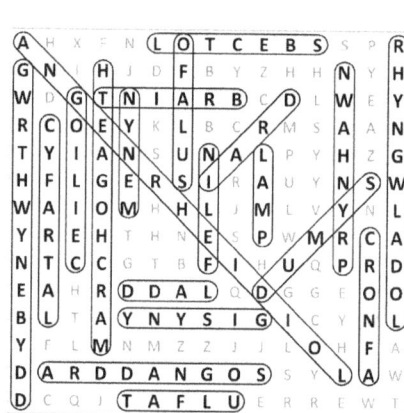

Puzzle 69

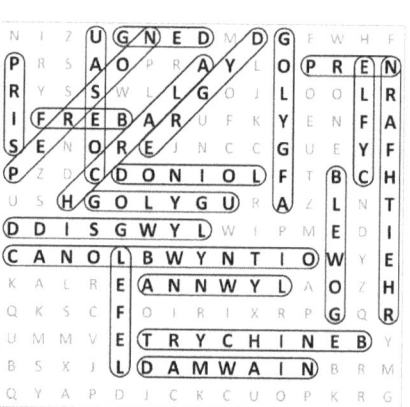

Puzzle 70

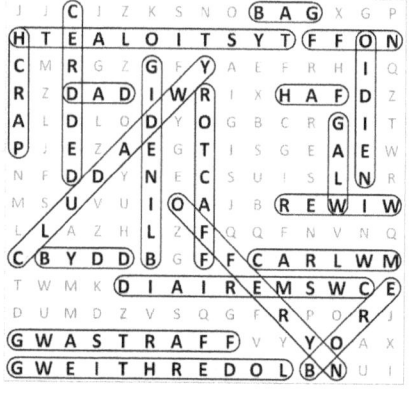

Puzzle 71

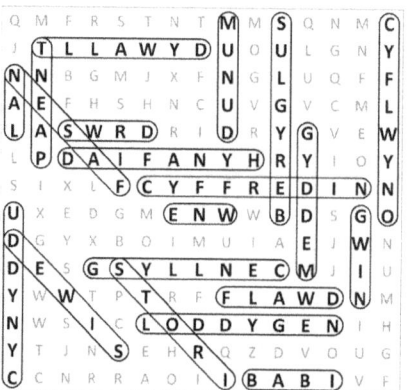

Puzzle 72

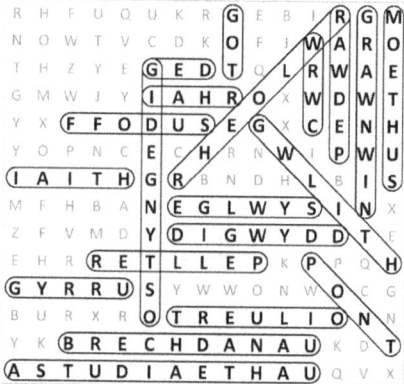

Puzzle 73

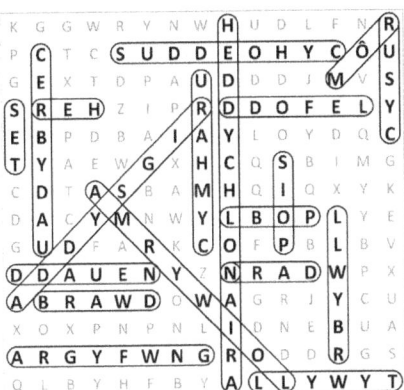

Puzzle 74

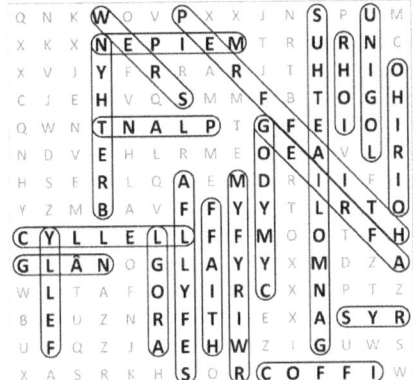

Puzzle 75

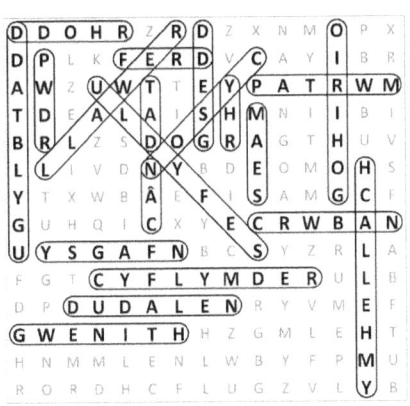

Puzzle 76

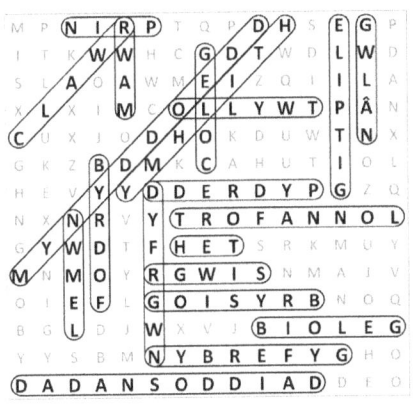

Puzzle 77

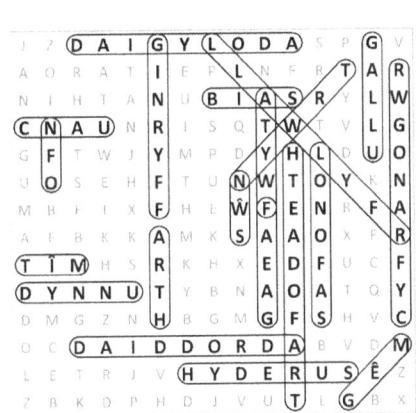

Puzzle 78

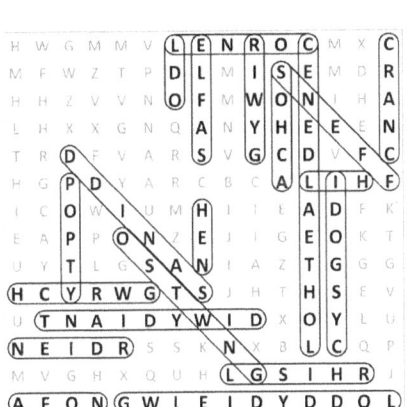

Puzzle 79

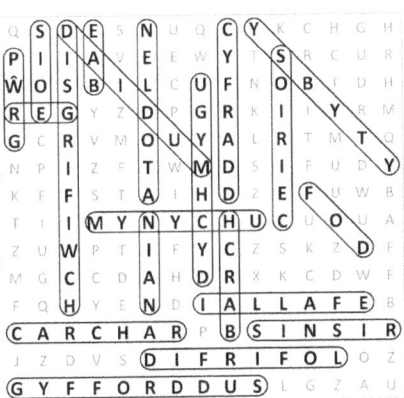

Puzzle 80

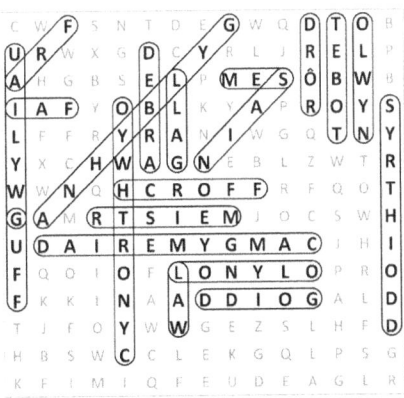

Puzzle 81

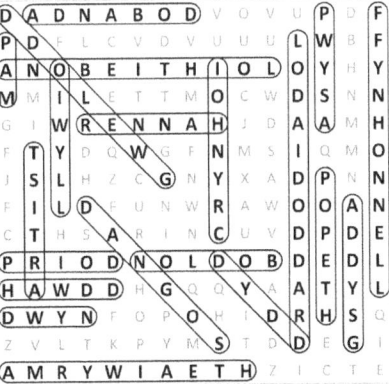

Puzzle 82

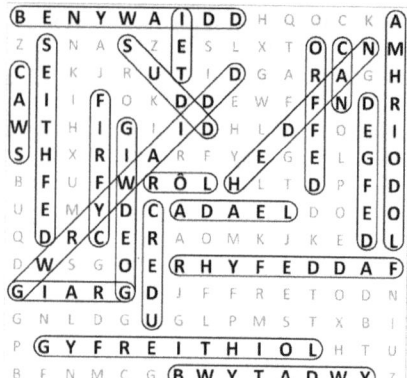

Puzzle 83

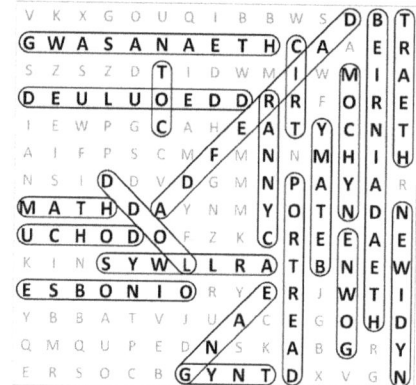

Puzzle 84

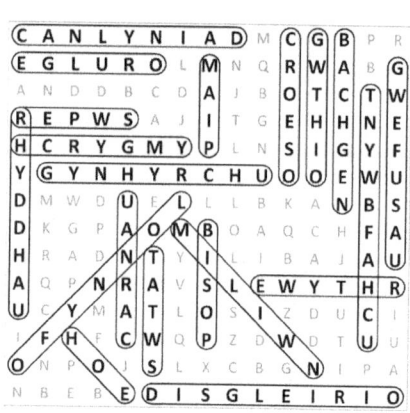

Puzzle 85

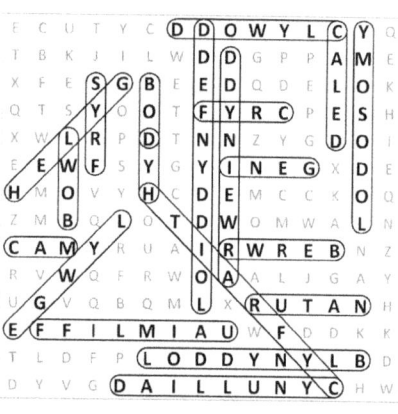

Puzzle 86

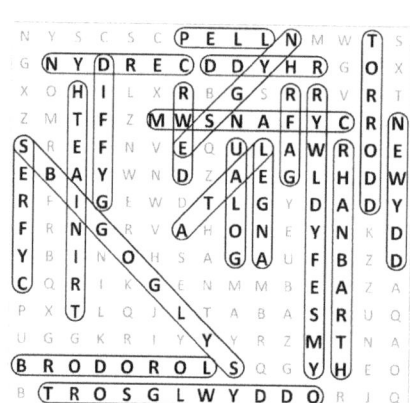

Puzzle 87

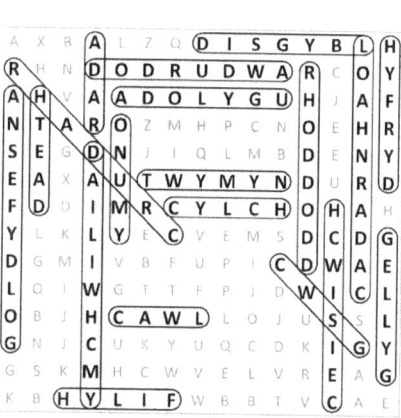

Puzzle 88

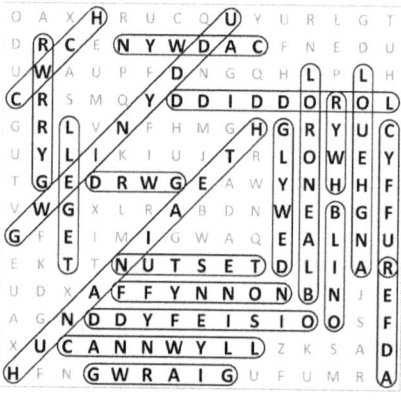

Puzzle 89

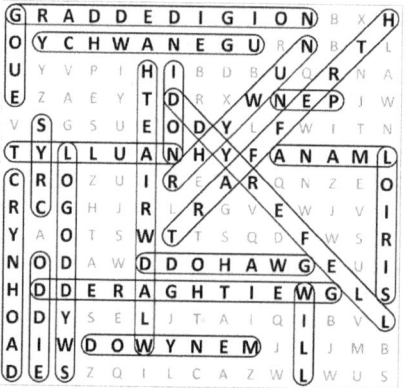

Puzzle 90

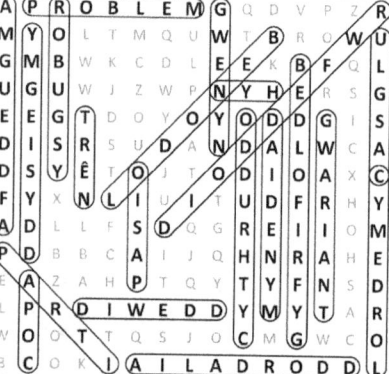

Puzzle 91

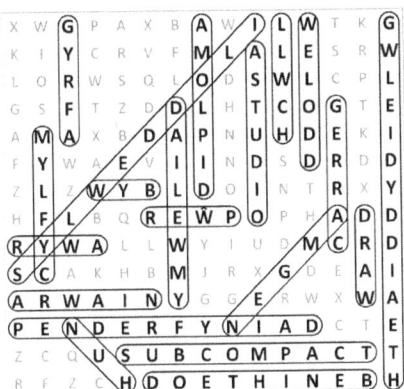

Puzzle 92

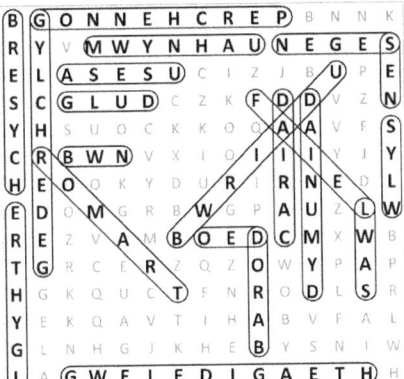

Puzzle 93

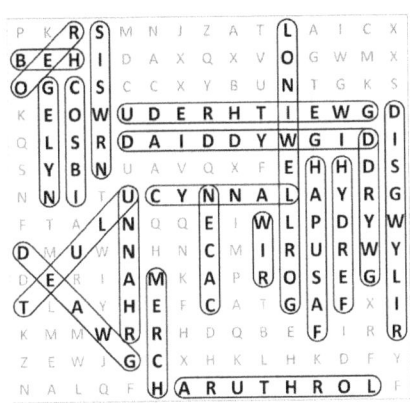

Puzzle 94

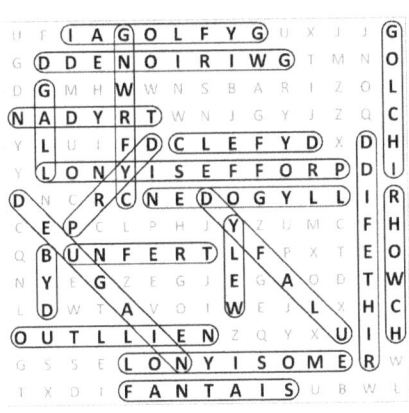

Puzzle 95

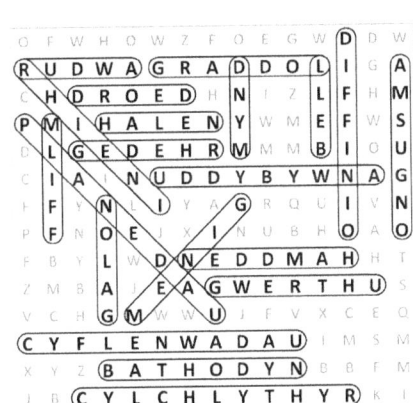

Puzzle 96

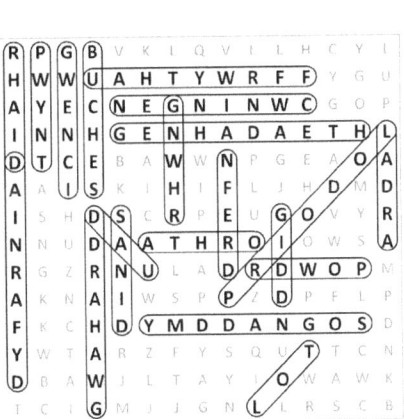

Puzzle 97

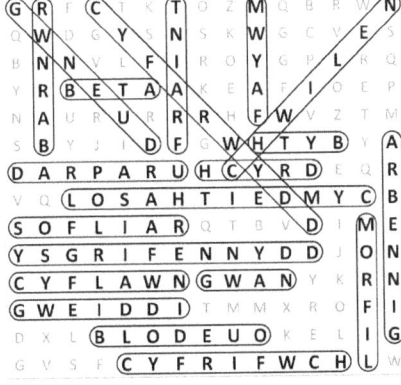

Puzzle 98

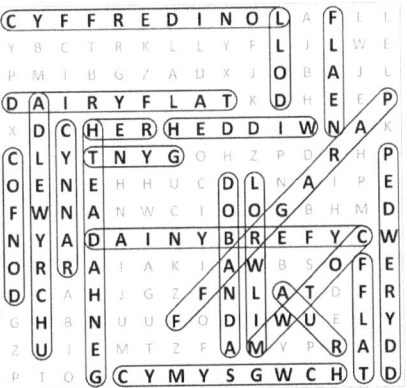

Puzzle 99

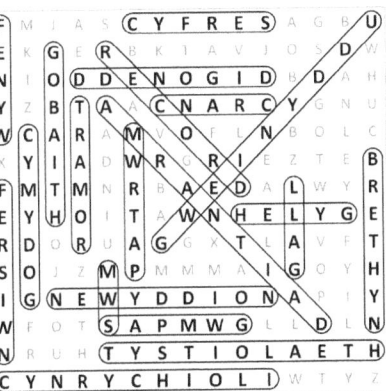

Puzzle 100

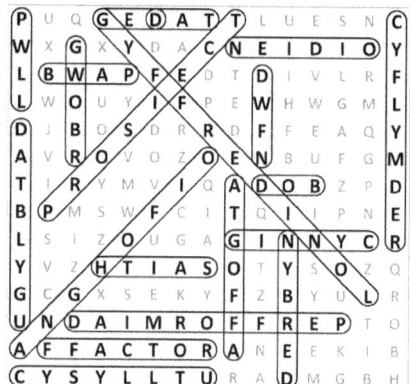

Congratulations

You made it!

We hope you enjoyed this book as much as we enjoyed making it. We do our best to make high quality games.

These puzzles are designed in a clever way to actively spark the brain and make it sharp and quick!
Did you love them?

A Simple Request

Our books exist thanks to the reviews you post on Amazon. Could you help us by leaving a review now?

Here is a short link which will take you to your Amazon orders review page.

BestBooksActivity.com/Review50

MONSTER CHALLENGE!

Challenge #1

Ready for Your Bonus Game? We use them all the time but they are not so easy to find. Here are **Synonyms**!

Note 5 words you discovered in each of the Puzzles noted below (#21, #36, #76) and try to find 2 synonyms for each word.

Note 5 Words from *Puzzle 21*

Words	Synonym 1	Synonym 2

Note 5 Words from *Puzzle 36*

Words	Synonym 1	Synonym 2

Note 5 Words from *Puzzle 76*

Words	Synonym 1	Synonym 2

Challenge #2

Now that you are warmed-up, note 5 words you discovered in each Puzzle noted below (#9, #17, #25) and try to find 2 antonyms for each word. How many lines can you do in 20 minutes?

Note 5 Words from **Puzzle 9**

Words	Antonym 1	Antonym 2

Note 5 Words from **Puzzle 17**

Words	Antonym 1	Antonym 2

Note 5 Words from **Puzzle 25**

Words	Antonym 1	Antonym 2

Challenge #3

Wonderful, this monster challenge is nothing to you!

Ready for the last one? Choose your 10 favorite words discovered in any of the Puzzles and note them below.

1.	6.
2.	7.
3.	8.
4.	9.
5.	10.

Now, using these words and within a maximum of six sentences, your challenge is to compose a text about a person, animal or place that you love!

Tip: You can use the last blank page of this book as a draft!

Your Writing:

Explore a Unique Store
Set Up **FOR YOU!**

MEGA DEALS

BestActivityBooks.com/**TheStore**

Designed for **Entertainment**!

Light Up Your Brain With Unique **Gift Ideas**.

Access **Surprising** And **Essential Supplies!**

CHECK OUT OUR MONTHLY SELECTION NOW!

- Expertly Crafted Products -

NOTEBOOK:

SEE YOU SOON!

Delta Classics Team

BESTACTIVITYBOOKS.COM/FREEGAMES